ESSAI
SUR
LA PEINTURE,
LA SCULPTURE,
ET
L'ARCHITECTURE.

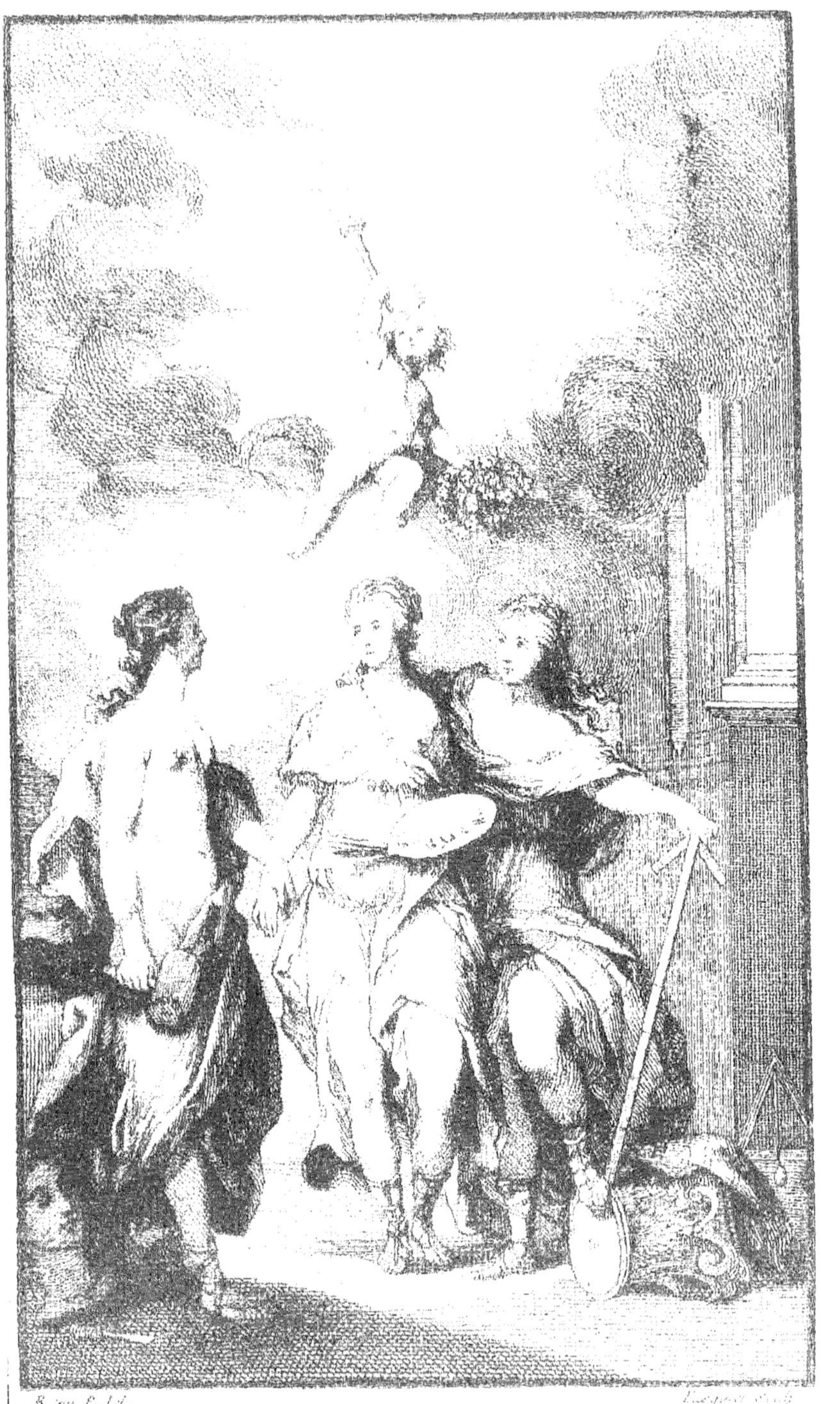

............................*Facies non omnibus una,*
Nec diversa tamen; qualem decet esse Sororum.

Ovid. Metam. lib. 2.

ESSAI
SUR
LA PEINTURE,
LA SCULPTURE,
ET
L'ARCHITECTURE.

PAR M. DE BACHAUMONT.

SECONDE EDITION,

REVUE, CORRIGÉE ET AUGMENTÉE.

> Facies non omnibus una,
> Nec diversa tamen; qualem decet esse sororum.
> *OVID. Metam.* L. 2.

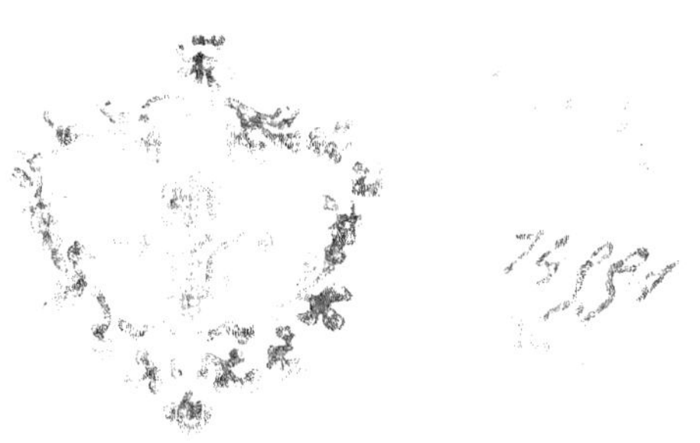

M. DCC. LII.

AVERTISSEMENT.

QUAND j'ai commencé ce petit Ouvrage, je n'avois que l'intention de lui donner la forme d'une Lettre. Je voulois simplement répondre aux questions d'un Ami * de distinction qui m'en avoit pressé; mais insensiblement l'Ouvrage s'étant beaucoup étendu, j'ai cru devoir lui donner une autre forme, sous le titre d'*Essai*. Effectivement on ne peut guères le qualifier autrement, & encore cet *Essai* est-il bien superficiel, puisque je n'ai fait qu'effleurer des matières qui demanderoient bien plus de discussion : mais peu de talent,

* M. de Sainte Palaye de l'Académie Royale des Inscriptions & Belles-Lettres.

nulle pratique, beaucoup d'inclination pour cette vie qu'Horace caractérise si bien dans une de ses Satyres *, ne m'ont pas permis d'aller plus loin. Un grand loisir, & peut-être quelque goût naturel, aidé par les circonstances, m'ont seulement mis à portée de m'occuper quelquefois de ce qui concerne les Beaux Arts. Je demande donc à ceux qui me liront, si je puis me flatter d'être lû, un peu d'indulgence pour cette foible production, en faveur des motifs qui me l'ont fait entreprendre.

J'ai voulu prouver dans cet écrit, qu'avec quelques dispositions naturelles, aidées d'une bonne éducation,

...... * Nunc somno & inertibus horis
Ducere sollicitæ jucunda oblivia vitæ.

Satyr. 6. L. 2.

on pouvoit acquérir bien des lumières, sur-tout en s'apppliquant, en réfléchissant, en comparant. Je m'estimerois trop heureux, si mon *Essai* pouvoit produire cet effet sur quelques-uns de mes Lecteurs, & les encourager à suivre les routes que je n'ai fait qu'indiquer. Ce seroit leur procurer de nouveaux plaisirs, plus honnêtes sans doute que beaucoup d'autres, & peut-être aussi amusants. C'est dans cette vûe, que j'ai feint dans mon Ouvrage des promenades, & des conversations avec un Ami sensible & homme d'esprit : c'est un éxemple que je donne ; on peut le suivre, il ne peut qu'intéresser, flatter l'amour propre, & être de quelque utilité.

Je n'en dirai pas davantage à ce sujet. Quelques Amis m'ont souvent répété que quelquefois je parlois trop peu, & d'autrefois trop longuement ſur ces matières. A l'égard du premier reproche, je crois ne devoir pas m'en juſtifier : mais ne pourrois-je pas répondre au ſecond, que l'on eſt aiſément prolixe quand on parle de ce qu'on aime, & qu'il eſt bien rare de ne pas ennuier ceux qui n'ont pas les mêmes inclinations que nous.

Si, entre les Artiſtes qui verront cette ébauche, quelques-uns d'eux penſent que j'ai eu tort d'écrire ſur des Arts que je n'ai point pratiqués ; * (outre qu'heureuſement je ne ſuis pas le ſeul) je puis leur répondre, qu'ils ſeroient fort à plaindre, s'il n'étoit permis qu'à leurs Confrères de s'y

* Nous avons ſur ces matières pluſieurs excellens Ouvrages : leurs Auteurs n'étoient point Artiſtes.

connoître & d'en parler : ſouvent leurs Ouvrages ne ſeroient peut-être pas aſſez loués à leur gré. Ceux qui courent la même carrière ſont preſque toujours rivaux, & ſouvent rivaux jaloux. Je ne ſuis pas dans le cas, & j'ai toujours fait un de mes plus chers plaiſirs de voir, d'admirer, de louer les Ouvrages & les talens de ceux d'entre nos plus célébres Artiſtes que j'ai eu l'avantage de connoître.

On pourra peut-être dire encore, après la lecture de cet *Eſſai*, qu'on n'y trouve rien de neuf, & qui même n'ait été imprimé pluſieurs fois ; j'en conviendrai ſans peine : mais, outre que les mêmes matières y paroiſſent ſous une autre forme, mon Ecrit a du moins le petit mérite de raſſembler bien des choſes éparſes ailleurs. Par-là j'épargne la peine de les chercher où elles ſont. Au reſte je n'ai pas prétendu écrire pour ceux qui ſont déja *Connoiſſeurs*, mais pour ceux qui veulent le devenir.

> ....Fungar vice cotis, acutum
> Reddere quæ ferrum valet, exſors ipſa ſecandi.
>
> *HORAT. Art. Poët.*

ESSAI SUR *LA PEINTURE*, LA SCULPTURE, ET L'ARCHITECTURE.

La Peinture.

J'Entens tous les jours dire dans le Monde, même à des gens d'esprit, qu'ils ne se connoissent point en Peinture : j'avoue que ce discours souvent répété m'a souvent impatienté. Ceux qui tiennent ce langage ſont de pluſieurs eſpéces. Les uns l'affectent par je ne ſçais quel orgueil ſecret, fort mal-entendu ſans doute, & comme pour ſe vanter de leur ignorance ; & voici ce que cela ſignifie (ils n'oſent le dire, mais c'eſt comme s'ils le diſoient) *Je ſuis un homme d'eſprit, qui ne me ſuis jamais amuſé de ces bagatelles, je me ſuis occupé de choſes plus importantes.* D'autres encore plus ridicules, diſent à peu près la même choſe, mais voici ce qu'ils veulent faire entendre : *Je ſuis un homme de plaiſir, un homme élégant, un voluptueux, un homme à bonne fortune, trop aimable, trop recherché pour avoir eu le loiſir de penſer à ce qu'on appelle* Beaux Arts, Sciences & *autres miſères ennuieuſes à périr pour gens de mon eſpéce.* D'autres plus eſtimables, qui n'ont que du bon Sens, & à qui des circonſtances, ou des occupations forcées ont enlevé la meilleure partie de leur tems, avouent de bonne foi, que ne s'étant jamais appliqués aux choses de goût, ils n'en ont aucune connoissance. C'est à ces gens que je voudrois parler, & je les en crois dignes. Voici à peu près ce que je pourrois leur dire : Vous êtes hommes de bon Sens & de bon esprit, il ne vous manque qu'un peu de réflexion & d'application, pour devenir ce qu'on appelle *Connoisseur*: & pour gagner du tems, j'irois tout d'un coup aux éxemples. Quand vous regardez un Tableau, leur dirois-je, ne faites pas comme ceux qui ont des yeux & qui ne voient rien, qui regardent sans rien appercevoir. Si c'est un Tableau d'Histoire, éxaminez si le Peintre a bien rendu l'action qu'il a voulu représenter. Ceci demande quelque explication, la voici: Quand le Tableau représente un événement triste, si l'attitude, si l'expression répandue sur les visages des Figures qui entrent dans sa composition, annonce de la tristesse; si vous en ressentez vous-même en le regardant, soiez sûr que ce Tableau a déja un des principaux mérites que ces sortes d'ouvrages doivent avoir. Si c'est un sujet gai, & qu'il excite en vous un sentiment de gaieté, portez-en le même jugement : il en est ainsi de tous les autres genres. Si c'est un Païsage, vous avez été à la Campagne, ajouterois-je, vous vous y êtes promené; il n'est pas que vous n'aiez rencontré quelquefois des endroits qui vous aient paru agréables, où vous vous soiez arrêté quelques momens avec plaisir, & où même vous aiez desiré d'avoir une habitation, que la solitude, l'air champêtre, le coup d'œil de la Nature rendroient aimable. Si le Tableau vous rappelle ces idées, prononcez hardiment; Voilà un beau Tableau. Il en est de même de ceux qui représentent les Saisons, les Marines, les Naufrages, les

Déserts : en un mot, tous ceux qui rendent la Nature comme vous l'avez vûe, & comme elle est, sont de bons Tableaux en ce genre.

Pour les Portraits tout le monde peut se connoître à la ressemblance, hors quelques esprits bourrus, qui pour faire les grands Connoisseurs, affectent de ne pas trouver ressemblans ceux qui le sont le plus. A l'égard des accompagnemens d'un Portrait, comme les draperies, les attitudes, la couleur, la touche ; ce sont des choses qui demandent un peu plus de réflexion & de connoissance, mais qui ne sont pas si difficiles à acquérir que la plupart des gens se l'imaginent. Revenons aux Tableaux d'Histoire dont je me suis trop écarté, & trop tôt.

Quel est l'homme d'esprit, pour peu qu'il soit sensible, qui ne se sente extrêmement affecté, quand il voudra regarder avec attention le beau Tableau où feu

M. *Antoine Coypel* *, Premier Peintre du Roi, a repréſenté le Sacrifice de Jephté? Qui n'éprouvera les mêmes ſentimens à la vûe du Sacrifice d'Iphigénie peint par M. *Charles Coypel*, digne fils du précédent, & qui remplit ſi bien aujourd'hui la même place **? Ce ſont à peu près les même ſujets; mais quelle variété dans la compoſition, dans les attitudes, & dans les expreſſions! Que d'eſprit, que de nobleſſe, que de fineſſe & d'élégance! Ceux qui ne ſeront pas touchés vivement à la vûe de ces chefs-d'œuvres, ſont des gens qu'il faut laiſſer là, ſans leur parler de ces ſortes de choſes : on ne parviendroit jamais à leur en faire ſentir les beautés.

Je pourrois citer pluſieurs autres ou-

* *Antoine Coypel*, né à Paris en 1666. mort en 1722. fils de *Noël Coypel*, né en 1629. à Paris, mort en 1707. frere de *Noël-Nicolas Coypel*, né à Paris en 1692. & mort en 1737. & pere de *Charles Coypel*, aujourd'hui vivant. (1752)

** Le Sacrifice de Jephté, par *Antoine Coypel*, a été gravé par *Duchange*, excellent Graveur de l'Académie. Celui d'Iphigénie, par M. *Charles Coypel*, n'a pas été gravé & mériteroit bien de l'être.

vrages de ces deux habiles Maîtres, sur lesquels il n'y auroit que les mêmes éloges à répéter. Le précepte d'Horace

........Si vis me flere, dolendum est
Primùm ipsi tibi, *Art. Poët.*

peut être appliqué aux Peintres, aux Poëtes, * aux Auteurs de Piéces de Théâtre, aux Acteurs qui les jouent, & aux Orateurs : mais pour le bien sentir, & pour l'observer dans toute son étendue, il faut posséder les qualités réunies dans les deux hommes de mérite dont je viens de parler. Heureusement nous avons aujourd'hui dans nos différentes Académies, plusieurs hommes de ce genre : profitons-en, emploions-les, & sentons les belles choses qu'ils sont capables de produire.

Ce que je vais raconter, prouvera en partie ce que j'ose avancer ici, & servira à mener au but que je me suis proposé, & que je propose aux autres.

* *Ut Pictura Poësis.*
Hor. De Art. Poët.

J'étois un jour dans les grands appartemens du Château de Verſailles avec un Ami, homme de beaucoup d'eſprit, qui devoit tout à la Nature, & à qui différentes occupations n'avoient pas laiſſé le tems de s'appliquer à ce qui regarde les Sciences & les Beaux Arts. Je lui avois toujours connu aſſez de ſenſibilité & de fineſſe dans l'eſprit, pour m'être perſuadé, qu'il eût pénétré plus que perſonne dans ce qu'on appelle les Myſtères de l'Art, ſi ſon genre de vie lui avoit permis de s'y appliquer. Je voulus me procurer le plaiſir d'eſſaier, ſi je ne pourrois pas parvenir à lui en donner quelques idées. Nous avions du loiſir, l'abſence de la Cour nous laiſſoit preſque en ſolitude, il faiſoit le plus beau tems du monde, le jour étoit clair & ſerein. Je m'arrêtai à deſſein devant le magnifique Tableau de la famille de Darius par M. *Le Brun* *, & voici à

* Charles *Le Brun*, né à Paris en 1618, mort en 1690.

peu près ce que je dis à cet Ami que je voulois mettre en voie de s'instruire.

Regardez, je vous prie, avec attention ce Tableau : il y a longtems que vous le connoissez, mais obligé de passer ici rapidement pour aller vacquer à vos affaires, peut-être ne vous y êtes-vous jamais arrêté assez long-tems pour le bien éxaminer, & pour en sentir toutes les beautés. Arrêtons-nous-y, puisque nous en avons le tems, & je suis persuadé que vous n'y aurez pas regret. Il représente, comme vous voiez, le moment où Alexandre, après avoir mis en fuite Darius & son armée, entre dans la tente où la famille de ce Prince malheureux s'étoit retirée.

Remarquez, que la premiere Figure qui attire les regards, est celle d'Alexandre. Cela devoit être ainsi, puisque ce Prince est le principal personnage de cette Scène intéressante : il se distingue encore par la beauté de ſon viſage, & par la magnificence de ſon armure ; on voit tout d'un coup qu'il eſt le Héros de la piéce : l'air de ſon viſage n'eſt point celui d'un Héros ſanguinaire, échauffé par l'ardeur du combat ; c'eſt celui d'un Prince débonnaire, & rempli d'humanité. Il ne vient point, en vainqueur impitoiable, triompher de ſes ennemis & de ſes captifs ; il vient raſſurer des Princeſſes affligées que le ſort des armes a fait tomber entre ſes mains, il vient les conſoler.

Il s'appuie légèrement ſur les bras d'Epheſtion ſon favori, & un de ſes principaux Capitaines. Quoiqu'Epheſtion ſoit jeune & noblement armé, ſa Phiſionomie eſt moins diſtinguée que celle d'Alexandre ; on ſent tout d'un coup, que le favori n'eſt là qu'en ſecond. Voiez cette Femme âgée, proſternée aux pieds d'Alexandre, & qui les lui embraſſe ; c'eſt Sizygambis, mere de Darius : remarquez la Femme à

genoux

genoux qui est derrière cette mere infortunée : la noblesse de son visage, son diadême, & un jeune Enfant qu'elle présente à son vainqueur, font connoître que c'est la Femme du malheureux Roi de Perse. Cet Enfant, d'un âge trop peu avancé pour sentir son malheur, regarde Alexandre avec la surprise que lui cause la vûe de ce Héros qu'il ne connoît point. Deux des Filles de Darius sont aussi à genoux, comme vous voiez, derrière leur mere : l'aînée, en âge de sentir son infortune, a les yeux baissés, elle pleure, elle essuie ses larmes. La plus jeune, derrière son aînée, joint les mains comme pour demander grace, & regarde Alexandre avec un air de surprise & d'émotion ; on croit même y démêler une espéce d'Admiration dont elle ne sent pas les conséquences. On croiroit volontiers qu'elle est plus occupée de la belle Figure du Héros qu'elle regarde, que de l'événement présent. Une Femme âgée qui est derrière elle, semble vouloir la détourner de cette application, en lui montrant Sizygambis prosternée, & dans l'état de la plus profonde humiliation. On voit sur le visage de cette Princesse un air de noblesse qui y conserve encore quelques restes de beauté, malgré la décrépitude de l'âge. Enfin tous les visages, toutes les attitudes des Personnes représentées dans ce magnifique Tableau, ont les expressions convenables à leur âge, à leur situation, & à leurs conditions. On y remarque de la surprise, de la curiosité, de l'étonnement, de la douleur, du respect, de l'admiration. Les uns prient, les autres implorent; leurs habillemens même indiquent la différence de leur état. Voiez dans ce coin, derrière ces Princesses, un Esclave prosterné la face contre terre: accoutumé à l'humiliation de l'esclavage, il se cache le visage, il a les mains jointes par-dessus sa tête ; il n'ose lever les yeux sur ses Maîtres. Cette héroïque Scène se passe sous une Tente magnifique, dont le fond tient presque celui du Tableau : elle est suspendue à des arbres de la nature de ceux du Païs où elle est (attention que tous les Peintres n'ont pas toujours eue.) On y voit des Armes à l'usage des Perses, différentes de celles des Grecs. En un mot tout, dans ce Tableau, décéle l'esprit du grand Peintre qui l'a composé : il a observé les coutumes des lieux dans les habillemens, & dans tout ce que les Italiens appellent *il Costume*, mot auquel nous n'avons point encore trouvé d'équivalent. *

Après cet examen que j'abrégeai le plus qu'il me fut possible, car j'aurois eu encore bien des choses à dire en faveur

* Ce Tableau a été parfaitement gravé, 1°. par *Edelinck* ; 2°. dans une forme plus petite par *Benoît Audran* ; 3°. en très-petit par *Sébastien Leclerc* ; tous excellens Graveurs.

de ce beau morceau, j'eus le plaisir de voir mon Ami sentir & goûter tout le mérite de cet ouvrage. Si vous voulez, lui dis-je, nous irons examiner de même le Tableau de *Paul Véronèse*, qui est vis-à-vis celui que vous venez de voir avec tant de plaisir. J'espère que vous ne trouverez pas notre tems mal emploïé. Très-volontiers, me répondit-il, les momens que nous venons de passer avec M. *Le Brun*, m'ont paru courts, & agréablement remplis. Je crois, lui répliquai-je, que son voisin ne vous amusera pas moins. Le terme *de voisin* me rappella le mot d'un Prélat Italien, Nonce en France, homme d'esprit & de goût, mais peut-être un peu trop prévenu pour les ouvrages de son Païs, & peut-être aussi rendant trop peu de justice à ceux du nôtre : ce Nonce étoit M. *Delfini*. Louis XIV. voulant lui donner une idée avantageuse de l'*Ecole Françoise*, le conduisit à l'Appartement où sont les Tableaux de la Famille de Darius, & des Pélerins d'Emmaüs. Interrogé par ce Monarque, auquel des deux il donnoit la préférence, par ménagement pour M. *Le Brun* qui étoit présent & que tous les Courtisans comblojent d'éloge, il répondit ; *bella pittura, mà ha cattivo vicino* ; « Voilà un » beau Tableau, mais il a un méchant » voisin, » montrant le Tableau des Pélerins d'Emmaüs. On sent que le Prélat vouloit donner, par ce mot, la préférence au Peintre Italien sur le François : mais, en retournant les objets, n'auroit-on pas pû dire, avec autant de vérité, que le Tableau de la Famille de Darius étoit un dangereux voisin pour celui des Pélerins d'Emmaüs ? Voyons, sans partialité, ce qu'on en doit penser.

Ce Tableau de *Paul Véronèse**, Peintre

* Son nom étoit *Paul Caliari*, on l'appella *Véronèse*, à cause de Vérone sa patrie. Il mourut en 1588, âgé de 58. ans. Son Tableau des Pélerins d'Emmaüs, a été bien gravé par *Thomassin*.

Vénitien, représente, comme vous voiez, Jésus-Christ à table avec les Pélerins d'Emmaüs. Le Sauveur est au milieu d'eux, & au milieu du Tableau; les deux Pélerins sont assis, un à chaque bout de la table: tous les autres Personnages sont debout, & en grand nombre. Selon toutes les apparences, celui qui a fait faire ce Tableau, s'y est fait représenter avec toute sa Famille, & une partie de ses domestiques. On croit que la plupart des têtes sont des Portraits, ce qui est peut-être cause qu'on y trouve peu d'expression. Vous voiez dans un des coins de ce Tableau, un Homme debout, & auprès de lui une Femme qui porte dans ses bras un Enfant nud; quelques personnes croient que c'est *Paul Véronèse* lui-même, avec sa Femme. Peut-être que le Personnage qui est debout, derrière un des Pélerins, est le Noble Vénitien pour lequel *Paul Véronèse* a peint ce Tableau.

Tous les habillemens sont comme on les portoit à Venise dans ce tems-là, à l'exception de ceux du Christ, & des deux Pélerins, qui sont drapés de fantaisie & de grande manière, pour parler les termes de l'art.

Remarquez ces deux Enfans que voilà sur le devant & dans le milieu du Tableau au bas de la Table : ils badinent avec un grand Chien, qui tranquillement les laisse faire : en cela le Peintre a imité la Nature. Ce petit Groupe est d'une grande beauté ; les deux Enfans ont, comme vous voiez, de beaux visages qui représentent à merveille la douceur & la candeur de ce premier âge ; leurs habits sont magnifiques & d'étoffes fort riches. Près de ceux-ci, est un autre Enfant ; vous le voyez un genou en terre ; il tient entre ses bras un petit Chien ; il paroît se jouer avec lui, mais passons à des choses plus intéressantes.

Vous ſerez ſans doute ſenſible à l'air de tête du Chriſt : il regarde le Ciel, & a la bouche entr'ouverte ſans doute pour prier. Vous trouverez dans cette tête de la majeſté, de la douceur, de la bonté, de la nobleſſe, & pour ainſi dire, de la Divinité. Vous ſentirez tout d'un coup, que ce viſage eſt celui d'un homme d'un ordre bien ſupérieur à tous ceux qui ſont repréſentés dans ce Tableau. Le Chriſt éleve ſa main droite, les doigts étendus, & paroît bénir le Pain qu'il tient dans ſa main gauche, laquelle eſt appuiée ſur la Table. Le Peintre a voulu repréſenter le moment de la Conſécration du Pain, & il s'en eſt bien tiré. Généralement parlant, toutes les têtes de ce Tableau ſont belles, bien peintes, & de bonne couleur : quelques-unes ont de l'expreſſion, le plus grand nombre n'en a point : une des plus caractériſées, eſt celle d'un des deux Pélerins, il regarde le Chriſt avec reſpect & vénération : il marque par la poſition de ſes bras & de ſes mains, qu'il eſt ſenſiblement affecté de ce qu'il voit : il paroît pénétrer une partie du Myſtère qui s'opère à ſes yeux. Tout le fond du Tableau, comme vous voiez, repréſente une magnifique Architecture, peut-être peu convenable au lieu où ſe paſſe la Scène. *Paul Véronèſe* excelloit à ces ſortes de fonds : il a eu de la complaiſance pour lui même, & n'a pas eu le courage de ſe reſtreindre à une décoration plus ſimple, qui par-là eût mieux convenu à l'endroit qu'il dévoit repréſenter. Mais peut-être aurions-nous tort de nous en prendre au Peintre de tous ces petits défauts de convenance : ſans doute nous lui rendrions plus de juſtice, en penſant que le Noble Vénitien qui lui a demandé ce Tableau, ignorant apparemment les convenances, a voulu obſtinément qu'il repréſentât une partie de son Palais, de sa Salle à manger, de son beau Buffet. Il l'a obligé de mettre dans ce Tableau, sa Femme, ses Enfans, ses Chiens, ses Domestiques, & même jusqu'à ses Négres & son Cuisinier. Plaignons les Peintres, quand ils sont forcés de prêter leur main & leur pinceau à de pareils caprices. si *Paul Véronèse* n'étoit tombé que cette fois dans le défaut que nous relevons ici, nous aurions tort de nous en prendre à lui : mais cela lui est arrivé très-souvent, peut-être aussi par les mêmes raisons. Ainsi excusons-le dans ses écarts, & admirons-le dans ce qu'il a fait de beau. D'autres peintres anciens, fort habiles ont pris quelquefois de plus grandes licences ; en représentant, par exemple une sainte Famille, ils y ont introduit des Saints qui n'y furent jamais, des Portraits d'Hommes & de Femmes en fraise & en colerette, des Moines même. Ceux qui ont fait faire ces Tableaux, l'ont voulu ainsi : ils étoient charmés d'y retrouver leur Famille, leur Patrons & leurs Confesseurs.

Après ce que nous venons de dire, vous pouvez, en quelque sorte, faire la comparaison de ces deux Tableaux, & sentir lequel l'emporte sur son Rival; mais un détail exact nous méneroit trop loin. Contentons-nous de dire, qu'on voit dans celui de M. *Le Brun* la composition, l'ordonnance, le dessein, l'expression, le *Costume*, & les bienséances; le tout porté à la plus grande perfection. Dans celui de *Paul Véronèse*, la plus belle couleur, la plus belle pâte, la touche la plus large, la plus ferme, & le pinceau le plus moëlleux & le plus léger. Je ne prétends pas dire par-là, que M. *Le Brun* manque de ces parties; car outre que son Tableau de la Famille de Darius est très-bien peint, d'une manière facile & légère, quel Peintre a mieux réussi, que ce grand Maître, dans la partie du coloris, quand il a voulu, ou pû y apporter tous ses soins? J'en pourrois citer bien des éxemples capables de ramener ceux qui ne lui rendent pas assez de justice en ce point. Je nommerois entr'autres son Tableau du Massacre des innocens, qui est au Palais Royal: il se soutient, pour le coloris, auprès des Tableaux d'Italie qui passent pour des modèles en ce genre de perfection; & il leur est supérieur à bien d'autres égards. Je n'oublierois pas certains morceaux de la Gallerie de Versailles qu'il a peints lui-même, son Tableau de la Vierge au silence, & tant d'autres excellentes Pièces.

Mais quand on fera réflèxion, que M. *Le Brun* étoit Premier Peintre du Roi, & chargé seul de tous les ouvrages que Louis XIV. jeune & magnifique, & qui vouloit jouir, lui ordonnoit d'éxécuter; qu'il donnoit les desseins de tout ce qui se faisoit dans les Maisons Royales, comme Plafonds, Tableaux, Statues, Vases, Tapisseries, enfin jusqu'aux ouvrages de Serrurerie, on ne sera pas étonné, que tout ce qui sortoit de sa main ne fût pas également soigné; on le sera plutôt, qu'un seul homme ait pû suffire à tant d'entreprises d'une nature si différente.

Il avoit de bons Eléves formés sur ses leçons & ses éxemples; éducation qui lui avoit pris beaucoup de tems : il faisoit tous les desseins lui-même, ils éxécutoient ensuite; & quand il en avoit le loisir, il retouchoit de sa main les endroits qui lui paroissoient mériter plus d'attention; ce que des yeux connoisseurs distinguent aisément, & que de moins éclairés confondent. Ainsi pour terminer l'espéce de comparaison que nous venons de faire de M. *Le Brun* & de *Paul Véronèse*, du Tableau de la Famille de Darius & de celui des Pélerins d'Emmaüs, conviendrons, si vous voulez, que l'un a des parties que l'autre n'a pas, & que l'autre en possède quelques-unes dont son voisin manque ; ou, pour mieux dire, affirmons que ce sont deux des plus beaux Tableaux qu'on puisse voir & que leurs Auteurs furent deux des plus grands Peintres qui aient jamais existé.

Au reste (& cette observation est tout à fait nécessaire ici) quand on regarde un ancien Tableau il faut faire attention au tems qu'il y a qu'il est peint, & aux accidents qui peuvent lui être arrivés. Il peut avoir souffert de l'humidité, de la sécheresse, de la fumée. On a voulu le nettoïer, on s'y est mal pris, on l'a écuré : on a peut-être emporté de la couleur, on en a repeint par dessus ; ces nouvelles teintes ont noirci & fait des taches : on a peut-être verni ce Tableau plusieurs fois, & avec de mauvais vernis qui a jauni, & altéré la couleur originale. Que de raisons pour que ce Tableau soit fort différent de ce qu'il étoit au sortir de la main du Peintre ! Il faut se transporter, pour ainsi dire, au tems où il a été peint, & le juger en conséquence.

On doit penser que les Tableaux *du Corrége*, *du Titien*, *de Paul Véronèse*, *du Tintoret*, *de Rubens*, & *de Vandyck* étoient de la plus belle couleur en sortant de leurs mains. Les Tableaux de *Paul Véronèse* sont même dans un cas particulier. Ce grand Peintre faisoit la faute de ne point emploier d'outremer dans ses Ciels : il se servoit de cendre bleue, cette couleur a noirci, ce que n'auroit pas fait l'outremer, & ses Ciels sont devenus tout noirs ; il n'est prèsque pas possible de les racommoder, du moins cela est très-difficile.

A l'égard des Tableaux modernes, le tems à part, ils ont pû être exposés aux mêmes inconvéniens que les anciens, ſur-tout ceux qui ont été copiés en Tapiſſeries, comme la Famille de Darius, les Batailles d'Alexandre du même M. *Le Brun*, & bien d'autres. Pour les transporter & les copier, on les roule & les déroule ſans ceſſe. Quand la copie eſt achevée, on les roule encore tout à fait, & on les laiſſe quelquefois longtems dans les Atteliers ſouvent humides; tout cela les altère beaucoup: c'eſt ce qui eſt arrivé ſur-tout aux Batailles d'Alexandre.*

Vous voiez, ajoutai-je en continuant d'adreſſer la parole à mon Ami, vous voiez que juſqu'ici je ne ſuis point entré dans les détails, ils ſont immenſes. Je n'ai

* Quelles obligations n'a-t-on pas à M. *de Tournehem* & à M. *Coypel*! C'eſt par leurs ſoins, & ſous leurs yeux, qu'on a commencé à nettoier & reſtaurer les Tableaux du Roi. Cette opération ſe continue avec conſtance, & dans quelque tems on aura la ſatisfaction de voir toutes ces richeſſes ineſtimables dans le meilleur état. On devra à ces excellens Citoiens la conſervation de tant de précieux monumens, qui ſans cela étoient prêts à périr. On en voit déja d'heureux effets à Paris, au Palais du Luxembourg, & à Verſailles à l'Hôtel de la Sur-Intendance des Bâtimens du Roi. Les Tableaux de Paris ſont confiés à la garde de M. *Bailly*, ceux de Verſailles à celle de M. *Portail*; tous deux très dignes de cet honorable emploi.

n'ai point traité, par exemple, la façon de distinguer un bon Original d'avec une bonne Copie. Les plus habiles Connoisseurs s'y trompent souvent : il est même arrivé à des Peintres de s'y méprendre sur leurs propres ouvrages. En effet, quand ils ont répété le même Tableau, ne sont-ce pas deux Originaux? il n'est cependant pas impossible d'y trouver quelque différence. Le premier fait a presque toujours un certain feu que le second peut ne pas avoir.

Quand un bon Peintre a fait copier son Tableau par son meilleur Eléve, & qu'il l'a retouché partout, c'est son propre Ouvrage ; comment le distinguer ? à moins qu'il n'ait eu l'attention d'y mettre des différences : ce qui est arrivé quelquefois. On doit donc être très-réservé à prononcer sur cela : pour le faire avec sûreté, il faut bien examiner, bien comparer, & avoir une grande expérience. Quelques Eléves ont si bien imité leurs

Maîtres, qu'il est mal-aisé de ne s'y pas tromper. Il y a eu d'habiles Peintres qui se sont si fort appliqués à prendre la manière de quelques autres, qu'ils ont souvent fait illusion. Cela est arrivé à *Luc Jordan* Napolitain, Eléve de l'*Espagnolet*; à *David Téniers* Flamand; & parmi les plus modernes, MM. de *Boulogne* ont été d'excellens imitateurs : ces sortes de Tableaux s'appellent des *Pastiches.*

A l'égard de la facilité à connoître de quel Peintre est un Tableau, on ne peut se la procurer qu'à force de voir des Ouvrages du même Maître. C'est la plus petite partie de ce qu'on appelle *Connoissance* en Peinture, & la plus aisée à acquérir.

Mon Ami parut content de toutes ces objections, & nous nous séparâmes. Le lendemain nous nous rejoignîmes l'après-midi, & nous eûmes une conversation qui roula sur une autre matière. Je vais en rendre compte, elle fait partie de mon objet.

ESSAI SUR LA PEINTURE, LA SCULPTURE, ET L'ARCHITECTURE.

La Sculpture.

Nous entrâmes, mon Ami & moi, dans le Jardin de Versailles : nous en admirâmes l'étendue, l'arrangement, la distribution, la magnificence. Nos yeux étoient sur-tout frappés de la prodigieuse quantité de Statues qui décorent ces lieux enchantés : mais à la fin, nous sentîmes une espèce de satiété, causée par la multitude de ces sortes d'Ouvrages; & peut-être fûmes-nous tentés de souhaiter qu'il y en eût moins.

Effectivement, dis-je à mon Ami, on a prodigué ici les Statues, & il est impossible qu'elles soient toutes également belles. Cependant il s'y trouve des Chef-d'œuvres, & nous en remarquerons quelques-uns, si vous voulez que nous parlions de Sculpture, à peu près comme nous nous occupions hier de Tableaux. Très-volontiers, me répondit-il, d'un ton qui marquoit son desir & son empressement.

J'étois parvenu la veille à lui faire sentir une partie des beautés qu'un Tableau doit avoir pour plaire ; j'espérai le même succès par rapport aux Ouvrages de Sculpture, & je ne fus pas trompé dans mon attente : j'avois affaire à un homme ſenſible & ſans prévention. Pour aller à mon but, je le conduiſis au bas du grand Fer-à-Cheval à main droite, & je l'arrêtai vis-à-vis le Ganymède debout, qui s'appuie ſur l'Aigle de Jupiter, ou ſur Jupiter lui-même métarmorphoſé en Aigle. Mon ami a beaucoup lû & avec goût ; ainſi je n'eus beſoin de lui parler que de ce qui concouroit à mon objet.

Regardez, lui dis-je, cette Statue : c'eſt une Copie faite d'après une Antique,* par un Sculpteur moderne, nommé *Laviron*. Dites-moi, je vous prie, comment la trouvez-vous ? comment en êtes-vous affecté ? Je la trouve belle, me répondit-il, elle repréſente bien un jeune Homme qui a beaucoup de fraîcheur & d'embonpoint ; il a un beau viſage, & l'Aigle me paroît bien placé. Bon, dis-je en moi-même, mon Ami commence à démêler

* L'Original eſt à Florence dans le Palais du Grand Duc.

ce qu'il y a de remarquable dans cette Figure. Avançons, j'espère étendre ses connoissances par la comparaison. Venez, lui ajoutai-je, avec moi dans ce Bosquet assez détourné, & peut-être trop peu connu.

Nous y trouvâmes une autre Statue du même Ganyméde, * mais d'une éxécution bien différente. Laquelle de ces deux Figures, lui dis-je, prendriez-vous, si on vous en laissoit le choix ? Il la regarda avec beaucoup d'attention, il l'éxamina de tous les côtés, & il demeura quelque tems sans parler. Je voiois avec plaisir qu'il comparoit en lui-même ces deux différens morceaux, & j'espérois beaucoup du succès de ma conduite avec lui. Enfin, après quelques momens de réflèxion, il n'y a pas à balancer, me dit-il, je choisirois celle-ci : elle est tout autrement élégante que la première qui

* Copiée par *Joly*.

nous a occupés. Ici, je crois voir un jeune Prince, un jeune Héros; & l'autre ne me donne l'idée que d'un beau Païsan à la fleur de son âge. Eh bien! lui répliquai-je, vous vous connoissez en Sculpture sans le sçavoir. Je répétai avec lui la même comparaison, à l'égard des deux Statues de la Venus, qu'on appelle de *Médicis*, & il ne s'y trompa pas. Vous êtes, repris-je aussi-tôt, déja en état de sentir les beautés des Ouvrages de Sculpture que je vais vous montrer.

Je le conduisis devant l'Andromède de *Puget*. Ce beau Groupe, lui dis-je, (on entend par ce mot un assemblage de plusieurs Figures) est une Pièce originale: vous connoîtrez bien-tôt la supériorité de ce qui est Original sur ce qui n'est que Copie. *Puget* étoit un Sculpteur moderne né à Marseille *. Il n'a pas fait un très-grand nombre d'Ouvrages, mais ce

* En 1622. & mort dans la même Ville en 1694.

qu'il en a fait, le disputeroit peut-être à tout ce que nous avons de la meilleure Antiquité. Remarquez comment ce morceau est élégamment composé & éxécuté; c'est un Rocher qui paroît vrai comme le naturel. Avec quelle grace Andromède y est attachée! Son corps est bien celui d'une jeune personne, délicate, dans la fleur de la première jeunesse. Quel air de douceur, de modestie, & de tristesse est répandu sur son visage! Quelle mollesse & quelle souplesse dans toutes les parties de son beau corps! Elle paroît n'avoir pas encore toute la grandeur qu'elle pourra avoir dans un âge plus avancé, ce qui est peut-être cause que quelques personnes ont trouvé que sa Figure étoit trop petite; sans doute par comparaison avec celle de Persée, qui la détache du Rocher où elle est enchaînée. Mais ne pourroit-on pas dire que Persée est dans la force de son âge, & qu'il a acquis toute sa grandeur?

D'ailleurs, qu'on fasse réflèxion que c'est un Héros, le Fils d'un Dieu puissant; qu'il fait effort pour atteindre d'une main à la cime de la Roche au bas de laquelle il est posé; & je crois qu'on ne le trouvera plus trop grand : peut-être même pensera-t'on que c'est un trait d'esprit de la part du Sculpteur. Il a voulu, pourra-t'on dire, faire sentir la différence qu'il peut y avoir entre la taille d'un demi-Dieu, & celle d'une jeune Mortelle qui n'a pas encore toute sa croissance. Interprétons ainsi les idées des grands Hommes, & croions qu'ils ont voulu mettre dans leurs Ouvrages ce qu'ils nous inspirent, quand nous les regardons avec attention : nous ferons par-là honneur à leur esprit, au nôtre même, & à notre jugement.

Observons encore, que quoique le Sculpteur ait représenté une Femme nue, il a prudemment disposé sa Figure de la façon la plus modeste qu'il lui a été possible : elle se cache autant qu'elle peut : elle rassemble son corps autant que ses chaînes le lui permettent : elle ne regarde point son libérateur. On croit voir sur son visage la honte qu'elle éprouve en paroissant ainsi aux yeux d'un homme qu'elle ne connoît point. Persée de son côté ne la regarde pas, ses yeux sont fixés vers la pointe du Rocher ; il n'est occupé qu'à décrocher le bout de la chaîne qui est attachée au sommet : il eût causé trop de confusion à Andromède, si ses regards se fussent arrêtés sur elle. Quelle décence, & que d'esprit le Sculpteur habile n'a-t'il pas répandu dans toute cette grande composition ?

Nous pouvons faire la même remarque à l'égard de la Venus de Médicis, c'est la Figure d'une Femme nue : cependant d'une main elle couvre ce que la pudeur ne doit jamais permettre de montrer, & de l'autre elle cache une partie de son sein ; elle a la tête panchée sur le côté ; elle se courbe tant soit peu ; enfin elle a un air de modestie si marqué dans toute sa Figure & dans son attitude, qu'on l'a appellée la *Venus Pudique*. Cette Statue est Grecque, & c'est un des plus beaux morceaux qui nous restent de la sçavante Antiquité. Qu'elle nous serve d'objet de comparaison pour juger les autres : on croit remarquer que le *Puget* a donné à son Andromède les mêmes proportions qu'on admire dans la Venus. * Revenons à l'Andromède.

Regardez l'Enfant qui est au bas du Rocher, & qui tire à lui, avec effort, un des bouts de la chaîne dont est liée Andromède. Vous pouvez remarquer la vivacité de son action, comme il est potelé,

* Toutes les Statues de la Venus de Médicis qu'on voit à Versailles sont de belles Copies faites par d'excellens Sculpteurs ; la Statue Originale est Grecque & du meilleur temps de la Grèce ; elle est à Florence dans le Palais du Grand Duc.

& sa belle chair. C'est un Génie bienfaisant, ou c'est l'*Amour*; enfin c'est la Nature dans tout son plus beau. Rien n'est négligé dans ce Groupe: tous les Accessoires y sont traités supérieurement; Armes, Draperies, enfin tout. Le Sculpteur y a mis son nom, & l'année où il l'a fini. Il l'a dédié à Louis XIV. pour lequel il l'a fait, ainsi que la Figure de Milon le Crotoniate que vous voiez ici près.

Ce fameux Athléte Grec fut dévoré par un Lion, tandis qu'une de ses mains restoit engagée dans un tronc d'Arbre qu'il avoit voulu séparer, & dont les deux parties s'étoient rapprochées, avant que Milon pût retirer sa main. Quelle expression dans la tête de cet Homme prodigieux en force! Voiez sur son visage la douleur extrême que lui cause la morsure du Lion; on s'imagine l'entendre crier d'une voix effraiante, & plus forte que celle des hommes ordinaires. Tout son corps qui est d'une taille gigantesque, (les Historiens disent qu'il l'avoit ainsi) exprime merveilleusement les prodigieux efforts qu'il fait pour se dégager. Toutes ses parties sont extrêmement tendues, & se roidissent violemment; tout y exprime ses efforts : on les remarque dans ses muscles, dans ses nerfs, jusques dans les doigts de ses pieds, sur lesquels il s'appuie fortement. Mon Ami fut très-attentif à ce qu'il voioit, & il en sentit toute l'expression.

Malheureusement, lui dis-je, nous n'avons ici que ces deux beaux morceaux du même Sculpteur; en voici la raison. M. *Le Brun* qui, dans ce tems-là, donnoit tous les desseins des Statues que l'on éxécutoit pour le Roi, voulut assujettir *Le Puget* à ne travailler que d'après les idées qu'il lui fournitoit *. Il avoit trouvé

* Cependant M. *Le Brun* l'estimoit infiniment. M. *De Louvois* qui fut Sur-Intendant des Bâtimens après M. *Colbert*, le traita durement par rapport au paiement de ses Ouvrages. *Puget* mécontent se retira à Marseille, & y

cette soumission dans plusieurs autres habiles Maîtres : mais *Le Puget* ne voulut jamais captiver ainsi ses talens, & il retourna dans son Païs. Nous le perdîmes ; tâchons de nous en consoler, en admirant ses Ouvrages, & en leur paiant le tribut de louanges qu'ils méritent à tant d'égards.

Si je ne craignois de prolonger les idées tristes que peut vous avoir donné la douleur du Milon, je vous férois remarquer la Figure du Gladiateur mourant, que voici tout auprès. C'est une belle Copie, faite par *Michel Mônier*, d'une très-belle Statue antique qui est à Rome. Ne croiez-vous pas voir un Homme expirant ? Il vient de recevoir une blessure profonde ? il est à demi couché sur l'Arène où il a combattu ; il se soûtient à peine ; une mortelle langueur s'empare de tous ses

resta. Voyez le Livre du *P. Bougerel* de l'Oratoire, intitulé *Mémoires pour servir à l'Histoire de plusieurs Hommes Illustres de Provence*, Vol. in-12. à Paris, chez *Hérissant*, 1752. à l'article de *Pierre Puget*, page 1.

Sens. Il est vrai, me dit mon Ami, que ce spectacle est touchant : éloignons-nous-en, il me fait trop d'impression.

Voiez donc, lui répliquai-je, pour vous en distraire, cette Figure qui représente Apollon vainqueur du Serpent Python *. C'est une belle Copie d'un excellent Original du bon tems de la Grèce. Cette admirable Statue peut nous donner l'idée d'un jeune Dieu vainqueur, qui a pris la Figure humaine : assurément il ne l'a pas choisie commune. Vous avez raison, me dit mon Ami, & je pense comme vous.

Reposons nos yeux, repris-je alors ; promenons-nous un peu ; j'ai encore à vous faire voir quelque chose qui en vaut la peine, quelque chose où nous aurons besoin de regarder attentivement & d'admirer. Nous nous arrêtâmes en chemin auprès de la belle Statue de la

* Copiée par *Mazeline*. L'Original est à Rome dans le Palais du Vatican au Belveder.

Vénus, qu'on appelle *à la Coquille* * ; parce qu'elle en tient une dans une de ses mains. Mon Ami m'en parut fort content ; il fut sur-tout très-sensible à la belle draperie de linge qui couvre une partie de cette Figure ; elle paroît mouillée, & comme collée à la peau de la Vénus. Cette Déesse paroît sortir du bain, elle est à demi-couchée, & un peu panchée en avant sur le bord d'une fontaine.

Nous revîmes en passant le premier Ganyméde que nous avions regardé en entrant. Mon Ami se confirma dans le jugement qu'il en avoit porté, après avoir vû le second. Par-là je m'apperçûs que ses connoissances commençoient à s'étendre & à se perfectionner.

Insensiblement, & en réfléchissant sur ce que nous avions vû, nous approchâmes du Bosquet qu'on appelle

* Cette belle copie de l'Antique est d'*Antoine Coyzevox.*

les

les Bains d'Apollon * ; nous nous arrêtâmes peu au Groupe principal qui représente ce Dieu ** chez Thétis, assis & environné de Nimphes, qui le servent. Je ne voulois pas fatiguer mon compagnon de voiage : d'ailleurs comme je le connoissois excellent Homme de Cheval, j'avois de l'empressement pour lui faire remarquer les deux Groupes des Chevaux d'Apollon, qui sont aux deux côtés du grand Groupe dont je viens de parler : je me doutois bien qu'ils l'amuseroient davantage, étant très-fin Connoisseur en ce genre. Je le conduisis vers celui qui est à la gauche, quand on regarde le Groupe d'Apollon : il le trouva beau ***, les deux Tritons qui accompagnent ces Che-

* Toutes les Sculptures de ce Bosquet ont été éxécutées par différens Sculpteurs, (*Girardon*, *Regnaudin*) d'après les desseins de M. *Le Brun*.

** La tête de l'Apollon est celle de Louis XIV. jeune.

*** Le plus beau de ces Groupes de Chevaux a été fait par *Gaspard de Marsy* ; l'autre est de *Guérin*.

vaux, lui parurent vivans & animés convenablement. Mais quel fut mon étonnement, quand je le conduisis vers celui qui est à la droite ! Il le regarda avec la plus grande attention, il fut long-tems sans parler, puis tout à coup il me dit, d'un air vif & animé, celui-ci me paroît bien supérieur à l'autre : Vous avez raison, lui dis-je, il a été exécuté par un Sculpteur beaucoup plus habile que son Concurrent.

Le jugement de mon Ami me confirma dans mon ancienne idée, que, pour acquérir des Connoissances dans les Beaux Arts, il ne faut presque que le bien vouloir, s'y appliquer, réfléchir & comparer. Non-seulement mon Ami remarqua que ces deux Chevaux avoient beaucoup plus de finesse & d'élégance que les deux autres, plus de souplesse dans leurs mouvemens, enfin qu'ils étoient plus semblables à la belle nature ; mais il alla jusqu'à m'en faire une critique, de peu de conséquence à la vérité, mais qui marquoit que ses connoissances, en matière de Cavalerie, étoient portées jusqu'aux plus petits détails. Ces Chevaux sont parfaits, me dit-il, je trouverois seulement qu'ils ont la corne des pieds un peu trop longue. Cette remarque, lui répondis-je, est celle d'un bon Ecuier; mais permettez-moi d'y répondre en Amateur: vous trouverez peut-être ma réponse trop poëtique, & même telle que pourroit être celle d'un Poëte qu'un peu d'enthousiasme auroit échauffé. Faites réflexion, lui dis-je, que ces Chevaux sont des espèces d'Etres immortels & presque divins; qu'ils n'ont jamais marché que sur des nuages; & qu'ils n'ont point été *ferrés*. Il sourit de ce trait auquel il ne s'attendoit pas, & il parut s'en contenter. Mais, continuai-je, voilà assez parler de Sculpture;

peut-être trop, me direz-vous, je craindrois de vous en lasser. Ne l'appréhendez pas, me répondit-il ; cela m'a amusé, & je crois que je vous devrai bientôt des remerciemens. Le soin que vous prendrez pour étendre mes Connoissances, ne pourra qu'augmenter mes plaisirs. En prenant votre politesse au pied de la lettre, lui répliquai-je, je ne craindrai donc pas de vous proposer une promenade pour demain ; nous traiterons, si cela vous convient, une matière toute différente, mais qui pourra vous occuper agréablement. Ce sera, si vous le trouvez bon, la dernière de ce genre que nous discuterons. Très-volontiers, me dit-il : à demain.

Le lendemain notre rendez-vous ne put avoir lieu. Nous ne nous rejoignîmes, mon Ami & moi, que quelques jours après à Paris, & je n'en fus pas fâché. Comme je me proposois de l'entretenir d'Architecture, Verſailles ne nous auroit pas fourni aſſez d'objets de comparaiſon en ce genre. Paris y étoit plus propre.

ESSAI SUR LA PEINTURE, LA SCULPTURE, ET L'ARCHITECTURE.

L'Architecture.

Le Chateau de Versailles, malgré les ſommes immenſes qu'on y a dépenſé pendant bien des années, ne préſente d'abord aux yeux, ſur-tout du côté des Cours, qu'une grande

D iv

quantité de Bâtimens plus imposans par leur étendue, que frappans par leur décoration extérieure. Ce n'est pas qu'on y ait épargné la dorure, les Toits en sont chargés; mais ces ornemens, fort ternis aujourd'hui, ne charment plus les yeux, & après tout, le reste n'y répond pas. On s'apperçoit toujours que l'accessoire l'emporte sur ce qui devroit être le principal. Ce Château n'étoit d'abord qu'une petite Maison de Chasse, bâtie par Louis XIII. pour servir de rendez-vous. Louis XIV. en fit le même usage pendant quelque tems; il s'y plut, il voulut y faire quelque séjour: cela l'obligea d'en augmenter les Bâtimens, & peu à peu il devint tel que nous le voions aujourd'hui.

Ce Palais peut loger très-commodément une Cour nombreuse, mais il est plus recommandable par la grandeur de ses Bâtimens, que par leur Beauté. Vû d'une certaine distance, il surprend, mais plus on en approche, plus l'admiration diminue; & elle finit tout à fait quand on arrive à ce qu'on appelle *la Cour de Marbre*. Qu'est-ce qu'on y voit? Les restes du *Petit & chétif Château de Versailles*, ainsi que s'expriment les Historiens de Louis XIII. qui l'a fait bâtir. On a eu beau le décorer par les dorures de son Toit, la médiocrité de son élévation & son peu d'étendue subsistent toujours. Il est vrai que le côté du Jardin * est beaucoup mieux, & d'une meilleure Architecture; mais n'est-il pas trop uni, trop égal, peut-être d'une ennuieuse uniformité, peut-être, si l'on ose parler ainsi, un peu trop monotone? Quelque magnifiques que soient les détails du Jardin, ils n'empêchent pas qu'on ne sente le peu d'agrément de sa situation. Quelqu'un a dit de Versailles, que c'étoit *un Favori sans mérite*. La comparaison est juste; on a té-

* Cette Façade a 220 toises de long.

moigné une grande prédilection pour cet endroit, & l'on n'en a fait qu'une belle, mais triste solitude, qui doit tout à l'Art & rien à la Nature.

Il faut convenir que l'Orangerie de Versailles* est un morceau d'une grande considération : mais il est plus estimable par son étendue, sa belle disposition & la solidité de sa construction, que par sa décoration. Cependant tout y est grand, noble, mâle, quoiqu'extrêmement simple, & c'est peut-être cette simplicité qui en augmente le mérite. On prétend que la première idée de ce vaste Bâtiment, fut donnée à Louis XIV. par le fameux *Le Nôtre*, ** ce célébre Créateur des plus beaux Jardins. Son voiage en Italie étendit son heureux génie par la vûe des belles choses que ce Païs charmant présente aux yeux Connoisseurs. Jusqu'à lui, nous

*Elle est d'Ordre Toscan, & d'un goût exquis.

** *André Le Nôtre*, né à Paris en 1613. mort en 1700. Il étoit Controlleur Général des Bâtimens du Roi, Dessinateur de ses Jardins, & Chevalier de S. Michel.

avions eu des hommes capables de faire de jolis Jardins pour des particuliers, mais très-peu de propres à en faire de magnifiques. Le Jardin de Fontainebleau commencé par Henri IV. & embelli par le feu Roi, étoit presque le seul qu'on pût juger digne d'une Maison Roiale: nous n'avions pas encore celui du Palais des Thuilleries, que nous devons aux grandes vûes du même Monarque, & aux excellens desseins de *Le Nôtre*. Quel mérite n'y a-t-il pas eu à faire un Jardin qui, sans être d'une grande étendue, ne présente cependant rien aux yeux que de grand! Quelle noblesse, quelle magnificence dans le Fer-à-Cheval qui le termine, & qui met à portée de découvrir d'un même coup d'oeil, tout ce beau Plant qu'on appelle avec raison *les Champs Elisées*; la beauté de la Rivière; celle du Païs qu'elle arrose, & ces agréables Côteaux qui terminent l'horison à la gauche des Thuilleries!

Le mot que je viens de dire des *Champs Elisées*, m'autorise, ce me semble, à insister sur les projets de leur Auteur, & à rappeller ce qu'il avoit imaginé pour la décoration de Paris. M. *Colbert* est celui qui a fait planter *les Champs Elisées*, l'Etoile, & les Allées *du Roule* en face du Jardin des Thuilleries *. Toute la partie gauche de ce beau Plant du côté de la Rivière, a été achevée de son tems; elle se r'accorde parfaitement à l'ancien Cours qui est le long de la Rivière, planté par *Marie de Médicis* **, & replanté pendant la Régence de M. le *Duc d'Orléans* ***, on l'appelle aujourd'hui le *Nouveau* ou le *Petit Cours*. L'intention de M. *Colbert* étoit de planter la partie droite des *Champs Elisées* de symmétrie avec la partie gauche. Sa mort interrompit ce projet, qui n'a point été suivi. On a eu la négli-

* En 1670.
** En 1616.
*** En 1723. Il a 1800 pas de long.

gence de laisser acheter ces terrains à différens particuliers qui y ont bâti des Hôtels magnifiques, avec de grands Jardins qui donnent sur les *Champs Elisées* : ce qui rend aujourd'hui l'éxécution de ce grand dessein presque impossible. On pourroit cependant y suppléer, si on le vouloit bien. Je dirai bientôt comment.

De plus, M. *Colbert* projettoit de pousser la grande Allée du milieu jusqu'à la Rivière, elle y va, à fort peu de chose près ; & de faire un Pont à cet endroit de la Seine, avec un grand chemin planté d'Arbres, qui auroit conduit à S. Germain, où la Cour alloit souvent en ce tems-là. Toutes ces Allées auroient donné dans le Bois de Boulogne, & s'y seroient raccordées. Toute la partie droite en face du Bois de Boulogne, qu'on appelle *la Plaine des Sablons*, auroit été plantée, & cette partie avec le Bois de Boulogne auroit formé un magnifique

Parc, dont le bout auroit été terminé en Terrasse sur la Rivière, ainsi qu'on l'a pratiqué, il y a quelques années, au Bois de Vincennes, avec beaucoup de dépense & peu d'utilité. Encore n'a-t-on pas mis la dernière main à cette entreprise: car ici, j'ose le dire,

. . . . *avec la liberté*
D'un François *qui sçait mal farder la vérité*;
RAC. Brit. Act. 1. Sc. 2.

on forme de vastes projets, on commence, on va jusqu'à un certain point, & l'on n'achéve rien; témoin le *Louvre*, &c. &c. &c. *

Ce grand Chemin de S. Germain dont je viens de parler, auroit joint une large Chaussée plantée d'Arbres, qui en montant insensiblement, auroit conduit à un magnifique Pont sur la Rivière, d'une seule Arche, dont la Culée, du côté de la Montagne, auroit été presque au niveau de la grande Esplanade qui con-

* Le Louvre, *Urbis decus & orbis*, s'il étoit achevé.

duit aux deux Châteaux de S. Germain : ouvrage qui auroit surpassé ce que les Romains ont fait de plus grand en ce genre.

A l'égard du projet formé par M. *Colbert* pour la partie droite des *Champs Elisées*, on pourroit y suppléer, en laissant même subsister les Hôtels & Jardins qui remplissent aujourd'hui ce terrain. Il ne seroit question que de fermer ces Jardins par des Terrasses, des Fossés revêtus, ou des Grilles de fer peintes en verd ; on en a usé ainsi à Londres dans le Parc de S. James, où cela fait un très-bon effet : par ce moien la vûe ne seroit plus offusquée, & l'on jouiroit du spectacle de ces Jardins, dont la plupart méritent les regards & l'admiration du Public.

Qu'il me soit permis d'ajouter encore une observation sur le Quartier des *Champs Elisées*. On projette aujourd'hui de placer la Statue Equestre du Roi, dans l'Esplanade qui est entre ce beau Plant d'Arbres & le Pont-Tournant des Thuilleries : cette opération coûtera peu & sera bientôt consommée. Mais il seroit bien à désirer que ceux qui présideront à l'Ouvrage, c'est-à-dire, à la décoration de l'Esplanade, voulussent se conformer, autant qu'il leur seroit possible, au premier projet du *Grand Colbert*; qu'ils songeassent surtout à ne point assujettir le Pont qu'on doit faire sur la Rivière à la Rue de *Bourgogne*, ce qui feroit un alignement de biais; mais plutôt à l'aligner sur le milieu de la partie du Rempart qui aboutit à l'Esplanade, & qui est plantée d'Arbres. Il est à remarquer que l'Hôtel de feüe Madame la Duchesse sera peut-être démoli, & qu'ainsi il est inutile de s'y assujettir à présent.

Après cette digression, que mon zèle pour l'embellissement de Paris rendra peut-être excusable, je reviens à l'Orangerie de Versailles.

Le

Le Nôtre en donna au Roi un léger craion; & ce Prince qu'un heureux naturel conduisoit toujours à saisir le grand & le beau, en sentit tout d'un coup le mérite; il l'adopta, il donna à son premier Architecte * le soin d'en tracer les mesures & le chargea de l'exécution. Je tiens cette Anecdote d'un vieillard respectable, homme d'esprit & de goût, qui me la conta dans ma première jeunesse. Il étoit d'autant plus croiable sur ce fait, qu'il avoit vécu long-tems dans la plus grande intimité avec le fameux *Le Nôtre*.

Il m'en dit encore une qui fait autant d'honneur à ce dernier, qu'au grand Prince qui l'emploioit. Le Roi vouloit que

* *Jules Hardouin Mansard*, Chevalier de S. Michel, Comte de Sagonne, Sur-Intendant & Ordonnateur Général des Bâtimens, Arts & Manufactures du Roi. Il mourut à Marly en 1708. Il étoit neveu de *François Mansard*, Premier Architecte du Roi, né à Paris en 1598. & mort en 1666. Les principaux Ouvrages de celui-ci, sont la Chapelle du Château de Fresne; le Portail des Feuillans à Paris; le Château de Maisons, qui est un Chef-d'œuvre d'élégance; l'Hôtel de la Vrillière; aujourd'hui de Toulouse, près la Place des Victoires; l'Eglise de la Visitation de Sainte Marie, Rüe S. Antoine, &c. &c. &c. *François Mansard* étoit fort supérieur à *Jules Hardouin* son neveu.

pour étendre le Jardin de Versailles, on desséchât une espéce de Marais qui étoit en face : ce Marais étoit traversé par un Ruisseau ; toutes les eaux du canton se rendoient en ce lieu, y séjournoient, y entretenoient une humidité aussi désagréable que mal saine. Dessécher totalement cet endroit, étoit une opération très-difficile : on la tenta, on y emploia bien des hommes, bien du tems & beaucoup de dépense ; on avançoit peu. *Le Nôtre* prit tout d'un coup son parti en habile homme ; il dit au Roi : *Sire, je crois ce desséchement presque impossible. Si votre Majesté me le permet, je ferai tout le contraire. Au lieu de m'obstiner à détourner ces eaux, je les rassemblerai, je les animerai, je les ferai couler, & j'en formerai un beau Canal.* Ce projet frappa le Roi, il en vit toute la grandeur & toute la supériorité ; il en ordonna l'éxécution ; & c'est à ces deux heureux Génies que l'on doit le magnifique Canal * qui termine aujourd'hui si favorablement le Jardin de Versailles.

Je pourrois encore remarquer dans ce Palais, les Ecuries du Roi; je pourrois en admirer la forme, l'étendue, la bonne construction, mais j'aurois peu de choses à dire de leur décoration; elle est très-simple.

Les discussions où je suis entré sur *Versailles*, sur le *Jardin des Thuilleries*, sur les *Champs Elisées*, sont des hors-d'œuvre par rapport au dessein de fournir à mon Ami des objets de comparaison & d'instruction en matière *d'Architecture*. Il est tems de reprendre mes conversations avec lui.

Nous nous rejoignîmes à Paris. Je ne me proposois pas de lui faire faire un Cours détaillé d'Architecture; outre que je n'en sçavois pas assez pour une si grande entreprise, je voulois seulement lui

* Ce Canal a 800 toises de long, sur 32 de large.

faire remarquer ce que nous avions de mieux en ce genre, & lui donner envie d'y acquérir par la ſuite une connoiſſance plus étendue.

Je le menai d'abord à *la Fontaine* * *des Innocens*; je lui en fis obſerver la belle forme, l'élégante ſimplicité, la légèreté de ſon Architecture, la délicateſſe de ſes Pilaſtres, l'agrément de ſes Bas-reliefs, & la fineſſe de leur éxécution. Je ne m'amuſai point à lui en faire l'hiſtoire, elle ſe trouve dans les Deſcriptions imprimées de la Ville de Paris; j'y renvoiai mon Ami, & j'en uſai ainſi à l'égard des autres morceaux d'Architecture que je lui fis voir. Il étoit queſtion de l'intéreſſer aux beautés de l'Art, non de lui apprendre comment, par qui & par quelles voies

* La Fontaine des Innocens a été bâtie en 1550. L'Architecture eſt de *Pierre Leſcot*, Abbé de Clagny, & la Sculpture de *Jean Goujon*, tous deux François. Elle a été reſtaurée en 1708. On y a placé l'Inſcription ſuivante, qui eſt du fameux *Santeuil*,

Quos duro cernis ſimulato marmore fluctus,
Hujus Nympha loci credidit eſſe ſuos.

les monumens de l'Architecture moderne se sont multipliés dans Paris.

Je ne le conduisis point à la belle Fontaine du célébre *Bouchardon**, qui est dans le Fauxbourg S. Germain. Quelques beautés que j'eusse pû lui faire remarquer dans cet excellent morceau, comme les Sculptures en font le principal mérite, & que l'Architecture n'en est que l'accessoire, cela n'alloit point assez à mon objet. Il nous seroit arrivé seulement de déplorer le malheur de la situation de ces deux Fontaines (celle des *Innocens* & celle de la Rue de *Grenelle*). De part & d'autre, rien de plus désavantageux.

Je le menai voir le magnifique Portail de l'Eglise de S. *Gervais***; il en admira l'élévation, la solidité, la noble construction, les belles proportions. Nous

* Bâtie en 1739. sur les Desseins & la conduite d'*Edme Bouchardon*, né à Chaumont en Bassigny.

** Il a été bâti par *Jacques de Brosse*, François, en 1616. C'est le même Architecte qui a construit le Palais du Luxembourg, l'Aquéduc d'Arcueil, &c, &c, &c.

regrétâmes ſeulement qu'il n'y eût pas devant ce Portail aſſez d'étendue & de reculée, pour que les yeux de ceux qui le regardent puſſent en embraſſer plus aiſément tout l'enſemble. Nous eûmes ſouvent occaſion de former les mêmes regrets à l'égard d'autres Bâtimens encore plus conſidérables.

Nous n'allâmes point, mon Ami & moi, à S. *Sulpice*, pour y voir le Portail * bâti par le *Chevalier Servandoni* Florentin, Peintre & Architecte. Quelque conſidérable que ſoit cet Ouvrage, comme il n'eſt point achevé, nous n'aurions pû en porter un jugement arrêté. Nous aurions ſeulement gémi, comme à S. *Gervais*, du peu d'eſpace qu'on a pour voir, comme il faudroit, cette magnifique & immenſe fabrique. Il n'y a pas d'apparence qu'on puiſſe remédier ſitôt à cet inconvénient.

* Ce Portail a été commencé en 1733. pendant que M. *Languet de Gergy* étoit Curé de cette Paroiſſe.

LE PALAIS DU LUXEMBOURG* ne pouvoit nous échapper. Cette belle Maison, dis-je à mon Ami, est du célébre *Jacques de Brosse*, qui a construit le Portail de S. *Gervais*. Il a voulu que ce Portail annonçât, par sa magnificence, un Temple respectable & la majesté des objets qui y conduisent. Il a voulu, en construisant *le Luxembourg*, que ce fût un Palais digne d'être habité par une grande Princesse. C'est pour *Marie de Médicis* qu'il l'a bâti. Cette Princesse Italienne avoit pû prendre dans son Païs des idées de la grande Architecture qui y régne; elle étoit magnifique, elle étoit Régente en France; ainsi l'habile Architecte n'a rien négligé pour la satisfaire. On trouve dans ce Palais de l'étendue, de la solidité & de la noblesse.

Allons, dis-je à mon Ami, voir un autre Palais, bâti par un autre Architecte.

* Commencé en 1615. achevé en 1620.

& pour une autre Princesse. Je crois que vous ne le trouverez pas inférieur à celui-ci. Je le menai aux *Thuilleries*. Vous n'avez encore vû, lui disois-je en chemin, que trois choses qui puissent vous servir d'objets de comparaison; sçavoir une jolie Fontaine, un beau Portail d'Eglise, une magnifique Maison propre à loger un Prince : nous allons voir présentement un Palais digne d'un grand Roi.

CATHERINE DE MÉDICIS, qui pour lors étoit à peu près dans la même situation où *Marie* se trouva depuis, le fit bâtir, * & se servit pour cela du célébre *Philbert de Lorme* **, qui le premier, comme on a dit, dépouilla l'Architecture de ses habillemens Gothiques, pour la revêtir de ceux de l'ancienne Grèce. *Catherine*

* Il fut commencé en 1564.

** *Philbert de Lorme*, né à Lyon, a vécu sous les Régnes d'HENRI II. de FRANÇOIS II. & de CHARLES IX. Il a beaucoup travaillé au *Louvre*, au Palais des *Thuilleries*, au *Château d'Anet*, à celui de *S. Maur*, &c. &c. &c. Il mourut en 1577.

aimoit les Sciences & les Beaux Arts, elle fit un mauvais usage des Sciences, en donnant dans l'*Astrologie judiciaire*; mais elle fit fleurir les Arts en France. Elle laissa à ses enfans qui, après elle-même & l'envie de régner, étoient les objets les plus chers à son coeur, l'habitation du *Louvre*, qui, dans ce tems-là, n'étoit pas à beaucoup près aussi considérable qu'elle l'est aujourd'hui. *Catherine* imagina de bâtir pour elle un nouveau Palais qu'elle pût habiter avec sa Cour; ce Palais, qui est celui des *Thuilleries*, devoit être plus étendu que nous ne le voions aujourd'hui; j'en ai vû d'anciens Plans gravés; il devoit être accompagné de Cours latérales, de Basse-Cours, d'Ecuries fort vastes. La Reine n'acheva point ce qu'elle avoit commencé; elle se dégouta des *Thuilleries* sur une prétendue prédiction de ses Astrologues; elle abandonna ce dessein, & se fit construire un autre Palais * près de S. *Eustache*, Maison triste & bien inférieure à celle qu'elle quittoit. Nous l'avons connue sous le nom d'*Hôtel de Soissons*, on vient de la démolir, & il n'en reste que la *Colonne* érigée aussi par *la Reine Catherine*, pour y faire des Observations Astronomiques. Cette Colonne appartient aujourd'hui à la Ville **, peut-être la démolira-t'on par la suite, quoiqu'elle méritât d'être conservée & *restaurée*; on en pourroit faire une Fontaine publique.

Pour revenir au *Palais des Thuilleries*, la Princesse, dont nous venons de parler, n'acheva que ce qui se voit présentement, & qui consiste dans le gros Pavillon du milieu, les deux corps de Logis contigus, & les deux Pavillons qui les terminent. Tout le reste ne fut point commencé; encore ce que *Catherine de*

* Par *Jean Bullant*, en 1572.

** En 1750, cette Colonne a été achetée & conservée par les soins de M. *Bernage*, Prevôt des Marchands.

Médicis acheva, n'avoit-il pas toute la magnificence & tout l'exhaussement qu'il a aujourd'hui.

Louis XIV. toujours grand, y fit faire des embellissemens considérables; * il l'exhaussa de l'Attique qui y régne partout, & fit ajouter un troisième Ordre au Pavillon du milieu & aux deux latéraux, ce qui y donne un grand air de noblesse. On y admiroit autrefois un superbe Escalier à deux rampes, qui occupoit le milieu du Bâtiment. C'étoit un chef-d'œuvre par sa légèreté, par sa solidité, par le trait hardi & la coupe des pierres; mais au tems de la grande restauration que fit faire Louis XIV. à ce Palais, on trouva que cet Escalier ôtoit à ceux qui entroient, la vûe du magnifique Jardin dont on avoit déja l'idée. On le détruisit, & l'on fit celui que nous voions, fort beau dans sa manière, & qui n'offusque rien.

* En 1664. sous le Ministère de M. *Colbert*, & sous la direction de *Louis Le Vau*, & de *François d'Orbay* son Elève.

Les Appartemens du *Palais des Thuilleries* furent considérablement embellis de Peintures, de Sculptures, de Dorures. On y emploia les plus habiles Maîtres de ce tems-là, & il y en avoit beaucoup. Les Rois n'ont qu'à vouloir, ordonner, protéger, encourager & récompenser, ils ne manqueront jamais d'habiles gens en tout genre. Mais notre objet aujourd'hui n'est pas d'entrer dans ces détails. Ne parlons que d'*Architecture*, & encore n'en parlons que très succinctement, s'il est possible.

Disons donc que le Palais qui, du côté du Jardin, n'avoit, avant ses augmentations, que les trois corps de Bâtimens dont nous venons de parler, formoit un tout ensemble bien proportionné. Ce n'étoit, à proprement parler, qu'un beau Château. On a voulu l'augmenter; on y a ajouté deux grands corps de Bâtimens, & deux gros Pavillons latéraux extrêmement exhaussés : qu'en est-il arrivé ? Ces nouveaux Bâtimens paroissent d'une forme Colossale, & écrasent, pour ainsi dire, les anciens qui, dans leur premier état, se trouvoient isolés, & ne présentoient rien que de très-élégant, de très-fin & de très-agréable. L'oeil pouvoit embrasser le tout ensemble, avec la plus grande satisfaction.

Il est vrai qu'aujourd'hui la face * de ce Palais, du côté du Jardin, est beaucoup plus étendue & qu'elle impose, mais les Accessoires nuisent au Principal, & s'y raccordent mal. *Philbert de Lorme* s'en seroit peut-être mieux acquitté. Pour excuser ces augmentations qui paroissent monstrueuses, on pourroit dire qu'on y a été engagé par le desir de conserver le plein-pied des Appartemens du premier étage de l'ancien Château, avec celui de la grande Galerie qui est en retour le

* Cette façade a 168. toises de long.

long de la Rivière. * Cette longue Galerie a été bâtie ſous différens Rois, & elle n'eſt pas d'une Architecture uniforme ; mais, malgré ſes irrégularités, elle ne laiſſe pas de former un tout enſemble d'une magnificence & d'une étendue qui ne ſe trouvent dans aucun Palais. Elle joint ce qu'on appelloit autrefois, & mal à propos, *le Vieux Louvre*. C'eſt de ce grand objet que je dois préſentement parler.

Nos Rois avoient un ancien Palais dans l'emplacement où eſt ſitué aujourd'hui le LOUVRE. C'étoit un amas confus de Tours & de Bâtimens Gothiques, ſans ordre & ſans ſymmétrie. FRANÇOIS I. le Pere & le Reſtaurateur des Sçiences & des Beaux Arts en France, avoit attiré d'Italie d'habiles Artiſtes en pluſieurs genres ; il s'en étoit ſervi à embellir l'ancien & vaſte Château de *Fontainebleau* ;

* Cette Galerie a 227. toiſes de longueur dans œuvre, & 4. toiſes cinq pieds de largeur.

il conçut le dessein de se faire dans sa Capitale une habitation digne de lui & d'elle. En 1528. il commença par faire démolir la plus grande partie de l'ancienne; il fit jetter les fondemens fort solides d'une partie de la nouvelle; mais il avança peu.

HENRI II. son Fils & son Successeur, Prince voluptueux & magnifique, reprit en 1548. l'Ouvrage commencé; il l'étendit & l'embellit beaucoup; il y emploia *Pierre Lescot*, Abbé de Clagny, Architecte François, qui ne fit point regretter les Italiens. C'est-là que je conduisis mon Ami.

Après avoir parcouru plusieurs Rues qui ne donnent pas à ce Palais un abord favorable, nous nous arrêtâmes à la petite Place qui est au bout de la Rue Fromenteau, & vis-à-vis celle des façades du *Louvre*, par laquelle on y entre le plus ordinairement. Mon Ami la trouva plus ſolide que magnifique. Je voulois exprès le conduire par dégrés, en commençant par le Moins pour aller enſuite au Mieux; & finir par le plus parfait.

Nous entrâmes dans la Cour du *Louvre*, par le beau veſtibule à Colonnes qui y conduit. Je le fis remarquer à mon Ami. Ce Veſtibule, lui dis-je, a été bâti ſous Louis XIII. par *Jacques Le Mercier*; on prétend qu'il eſt imité de celui que le célébre *Michel Ange Buonarroti* * a conſtruit à Rome pour le Palais Farnèſe. Mon Ami le trouva bien. Nous tournâmes à droite dans la Cour, & là, je lui fis faire attention à l'élégance de l'Architecture ** qui décore cette portion du Bâtiment. Il admira la fineſſe & la belle éxécution des ornemens de Sculpture *** dont elle eſt fort enrichie. Ceci eſt du Régne de HENRI II.

* Né à Florence en 1474. mort à Rome en 1564.
** Par l'*Abbé de Clagny*.
*** Par *Jean Goujon*.

La

La portion qui est d'équerre avec celle-ci, & dont la face extérieure donne sur la Rivière, a été continuée sur le même dessein par les Rois suivans, & étoit restée imparfaite. La partie qui est à la gauche du Vestibule par où nous étions entrés, tant du côté du dehors que de celui de la Cour, a été construite sous le Régne de Louis XIII. ainsi que ce Vestibule, & continuée en retour d'équerre.

LOUIS XIV. qui avoit la noble & louable ambition de faire mieux que ses Prédécesseurs, voulut achever ce superbe Edifice sur un dessein encore plus beau & plus grand. Il fit continuer ce qui restoit à faire pour rendre la Cour du Louvre plus vaste & exactement quarrée. Il appella d'Italie le fameux *Cavalier Bernin*, * Peintre, Sculpteur & Architecte du premier ordre. Celui-ci donna plusieurs

* *Jean-Laurent Bernin*, né à Naples en 1598. mort à Rome en 1680.

desseins différens pour l'achévement du Louvre; & un François l'emporta encore, cette fois sur l'Italien.

Un célébre Médecin de l'Académie Roiale des Sciences, M. *Perrault* *, présenta ses desseins, qui, avec raison, furent préférés & acceptés par le Roi; ce Prince, toujours guidé par le goût naturel qu'il avoit du beau, du noble, de l'excellent, sentit toute la supériorité de ce magnifique projet. En conséquence on commença ** par continuer les deux Ailes latérales sur le même Plan des autres, & à peu près de la même décoration extérieure. Seulement on les ex-

* *Claude Perrault*, né à Paris en 1613. mort en 1688. âgé de 75 ans, a traduit Vitruve; il a donné les desseins de la Colonnade du Louvre, de l'Observatoire de Paris, de la Chapelle de Sceaux, de l'Arc de Triomphe du Fauxbourg S. Antoine, dont on a détruit le modèle en 1716. Les fondemens en avoient été jettés en 1670. & le Bâtiment élevé jusqu'à la hauteur des Pieds-d'estaux des Colonnes. Tout ce qui étoit au-dessus n'étoit que de plâtre & pour servir de modèle.

** En 1665. sous le Ministère de M. *Colbert*. On cessa d'y travailler en 1670.

haussa d'un troisième Ordre plus élevé que l'Attique qui régne sur toutes les parties du Louvre construites antérieurement, & cela pour donner plus d'élévation & de noblesse à ce beau Bâtiment ; sauf par la suite à en faire autant partout. Ces nouvelles parties, comme vous voiez, ne sont ni achevées ni couvertes entièrement.

Mais où M. *Perrault* fit voir l'étendue & l'élévation de son beau génie, ce fut à la façade extérieure du Louvre qui regarde S. *Germain l'Auxerrois*. En effet, où peut-on trouver plus de noblesse, plus d'élégance, plus de magnificence, que dans la superbe Colonnade * qui décore cette façade ? Tous les ornemens de Sculpture qui y sont répandus avec autant de sagesse que de richesse, ne sont pas tous finis ; mais on peut aisément ju-

* Elle a 87 toises & demie de longueur. Elle est d'Ordre Corinthien.

ger par ceux qui le sont à peu près, de ce que seroit devenu le reste, si l'on eût mis la dernière main à cet Ouvrage. Quel heureux trait de génie, d'avoir réduit cette grande Décoration à un seul Ordre! * Que cela lui donne de majesté! Quelle idée n'offre-t'elle pas du Palais qu'elle annonce; de celui pour qui on l'a bâti; & de celui qui l'a imaginée! Malheureusement ces belles entreprises furent arrêtées. Une longue guerre, des changemens dans le Ministère, la mort de M. *Colbert*, & peut-être plus que tout cela, le goût que Louis XIV. prit pour Versailles, & les grandes dépenses qu'il y fit, en furent cause. Si ce Palais eût été achevé selon les idées de M. *Perrault*, quel est le Souverain qui pourroit se vanter d'avoir une habitation comparable à celle-ci? Tous les Etrangers, tous

* *Regia solis erat sublimibus alta Columnis.*

OVIDE, Metam. L. 2, v. 1.

les Voiageurs Curieux & Connoiſſeurs, conviennent qu'ils n'ont rien vû qui en approche, & que l'Italie qui renferme tant de beaux Edifices, n'a rien qui ne lui ſoit inférieur. A peine la Grèce & l'ancienne Rome pourroient-elles le lui diſputer. Il exiſta peut-être des Bâtimens plus remarquables par leur grandeur & par leur élévation ; mais ce n'eſt pas un énorme amas de pierres qui fait le prix d'un Edifice ; c'eſt la beauté de ſa forme & la juſteſſe de ſes proportions.

Ne quittons pas encore cette Colonnade, me dit mon Ami, à qui elle cauſa la plus grande admiration : éloignons-nous pour la mieux voir, & pour jouir agréablement du tout enſemble. Mais quelle fut la mortification que nous reſſentîmes, quand nous apperçûmes tout ce qui s'oppoſoit à nos plaiſirs ! Nous vîmes avec douleur que ce magnifique Edifice étoit offuſqué par de vilaines &

chétives Maisons, qui en dérobent à la vûe les plus considérables parties. Il est vrai que, si on l'eût achevé, ces indignes Bâtimens n'auroient pas subsisté, & qu'on n'en verroit pas d'autres placés aujourd'hui jusques dans le milieu de la Cour. Rien de plus facile au reste que de les supprimer, puisque tout le terrain qu'occupent ces misérables constructions appartient au Roi. Espérons d'une longue paix que nous devrons à un Monarque sage & modéré, quoique vainqueur; espérons de son goût noble & grand, des bonnes intentions & de l'administration de celui * à qui il vient de confier la Direction générale de ses Bâtimens; de la façon de penser élevée du Ministre ** qui a aujourd'hui le Département de Paris, que le tems viendra où les bons François & les Habitans de cette Capitale, qui se

* M. DE VANDIERES, aujourd'hui Directeur Général des Bâtimens du Roi, &c. &c. &c. &c.

** M. le Comte D'ARGENSON.

sont toujours distingués par un zèle ardent pour leurs Souverains, auront le plaisir de voir achever un Palais digne d'être habité par ceux qui seront toujours l'objet de leur respect & de leur amour. Hélas ! il y a eu un moment * qui n'est pas encore éloigné, où ils ont cru pouvoir s'en flatter : qu'il revienne, & ils seront contens.

Supposons, premièrement, que l'on achevât le Louvre ; secondement, que l'on fît au Palais des Thuilleries les augmentations convenables & nécessaires, tant du côté de la Cour des Princes que de celle des Suisses, sans cependant exiger qu'on continuât du côté de la Rue S. Honoré une Galerie pareille à celle qui est du côté de la Rivière. Cette nouvelle Galerie feroit totalement inutile, & jetteroit dans des dépenses trop consi-

* Le Roi avoit donné l'ordre d'achever le Louvre. D'autres opérations ont suspendu l'exécution de ce beau projet ; espérons qu'on le reprendra.

dérables. L'espace contenu entre ces deux Galeries seroit trop vaste : le Louvre & le Palais des Thuilleries se joignent & se communiquent par la Galerie qui est du côté de la Rivière, cela suffit.

Supposons, troisièmement, que les Rois habitassent quelquefois Paris, ou y fissent leur principale résidence ; en ce cas, qui peut arriver dans la suite des tems, ne seroit-il pas bien convenable qu'on tâchât aujourd'hui d'achever de planter *les Champs Elisées*, ainsi qu'on le propose ? Cet arrangement procureroit à l'habitation principale des Rois, un ornement bien digne de leur magnificence & de la grandeur de la Ville Capitale de leur Roiaume.

Qu'on ne dise point : Les Rois n'habiteront jamais Paris & le Louvre ; que sçait-on ? plusieurs Rois s'y sont plû ; la même chose ne peut-elle pas encore arriver ? Henri IV. s'y plaisoit beaucoup. Il s'en falloit bien dans ce tems-là que Paris & le Louvre fussent aussi magnifiques qu'ils le sont aujourd'hui. Personne n'ignore cette petite Anecdocte. Ce grand Prince se faisoit un jour un plaisir de faire voir les Appartemens du Louvre qu'il avoit embellis, à un Ambassadeur d'Espagne arrivé depuis peu à sa Cour : il le conduisit partout ; il demanda ensuite à l'Ambassadeur ce qu'il en pensoit, & si le Palais de Madrid étoit plus beau ? L'Ambassadeur en Courtisan loua tout, mais en Espagnol prévenu pour son Païs, il ajouta que le Palais du Roi son Maître étoit supérieur. Attendez M. l'Ambassadeur, lui dit le Roi, & le menant sur le Balcon qui est au bout de la Galerie du Louvre, qu'on appelle aujourd'hui *la Galerie d'Apollon* *, regardez, lui dit-il, votre Maître a-t'il au bout de son Palais une Rivière & une Ville comme celle

* Embellie par Louis XIV.

que vous voiez d'ici ? L'Ambassadeur se tût & resta dans l'admiration. Que seroit-ce aujourd'hui, que cette Rivière & cette Ville sont si considérablement embellis par les plus beaux Quais, les plus beaux Ponts & les plus beaux Bâtimens qui y ont été construits depuis ce tems-là & qui augmentent tous les jours ?

Quand il a été question de former une Place pour y ériger une Statue Equestre * du Roi, un jeune Architecte ** présenta un Projet qui attira l'attention des Connoisseurs : ce jeune homme plein de génie ***, de goût & de talent, étoit déja connu, surtout par un beau Projet pour la réédification de l'Hôpital & de l'Eglise des *Quinze-vingts* : Projet qui fut admiré

* Pourquoi toujours des Statues Equestres ? Pourquoi pas une Statue du Roi debout ou assis tranquillement au milieu de sa Ville Capitale ? un Roi tranquille, Pacificateur, & fixant chez lui, la Paix, l'Abondance, les Sciences & les Beaux Arts.

** Le Sieur *Laurent Destouches*, à présent Architecte de la Ville de Paris.

*** Ces trois choses sont bien remarquables dans un Artiste. Le *Génie* invente, le *Goût* choisit, & le *Talent* exécute.

de tout le monde, & qui cependant n'a pas été exécuté.

Le Plan qu'il donna pour la construction de cette Place, avoit encore l'avantage de concourir avec l'achévement du Louvre. Un côté de la Place qu'il imagina pour la Statue Equestre, auroit été formé par la belle Colonnade de M. *Perrault*; un autre par le Quai sur la Rivière; un troisième vis-à-vis de ce dernier, par un magnifique *Hôtel de Ville*; enfin le côté en face de la Colonnade auroit contenu des Hôtels pour le *Grand Conseil*, pour *la Monnoie*, pour *les Postes*, pour *le Garde-Meuble du Roi*, &c, &c, &c. Une Rue fort large se feroit trouvée vis-à-vis la grande Porte du Louvre, & auroit abouti dans la Rue des Prouvaires. Il est vrai que pour donner à cette Place l'étendue qu'exigeoit la magnificence des Bâtimens qu'elle auroit contenus, on se feroit trouvé dans l'indispensable nécefſité de démolir l'Egliſe de S. *Germain l'Auxerrois*; mais on l'auroit rebâtie, & mieux qu'elle n'eſt, dans l'endroit où eſt aujourd'hui l'*Hôtel des Monnoies*, dont les Bâtimens ſont indignes de la Capitale du Roiaume. Cette Egliſe de S. *Germain* auroit été conſtruite ſur les fonds des *Economats*, ainſi qu'on en a uſé à l'égard de la nouvelle Paroiſſe de Verſailles, & par cet arrangement il n'en eût rien coûté au Roi ni à la Ville.

Pour ce qui regarde la Place même, deſtinée à la Statue Equeſtre, elle auroit exigé bien moins de dépenſe que beaucoup d'autres projettées à d'autres endroits, puiſque le côté formé par la Colonnade du Louvre eſt bâti; qu'on auroit laiſſé le côté du Quai ouvert comme il eſt, & qu'il ne ſeroit reſté que deux côtés à bâtir. Quels avantages d'ailleurs dans la ſituation & les accompagnemens de cette Place! Ceux qui ſeroient venus du Fauxbourg S. Germain dans la partie de la Ville qui est au nord de la Rivière, en passant sur le Pont-Neuf auroient apperçû tout d'un coup la superbe Façade du Louvre. En traversant la Place, ou en la longeant du côté du Quai, ils auroient découvert le nouvel *Hôtel de Ville* & les beaux Bâtimens qui auroient achevé de la former. Il n'est pas aisé d'imaginer un coup d'œil plus satisfaisant.

Tous ceux à qui le jeune Architecte fit voir son Projet, en furent enchantés; quelques-uns trouvèrent seulement que la dépense en seroit encore trop forte; pour y obvier, il proposa de ne nettoier, devant le Louvre, que l'emplacement contenu entre la Colonnade & le Portail de S. *Germain l'Auxerrois*, sauf à l'achever, le restaurer, ou le cacher par un autre Portail de meilleur goût, comme on a fait à S. *Gervais*. Ses projets furent admirés de tout le monde, & on ne les accepta pas ; on projetta plusieurs autres Places dans différens endroits du Faux-bourg S. Germain ; aucun de ses desseins n'a eu lieu ; & enfin on s'est déterminé, comme je l'ai observé plus haut, à placer la Statue Equestre du Roi dans l'Esplanade des *Champs Elisées*, en face du Pont-Tournant des Thuilleries. La forme & la décoration ne sont point encore décidées. La situation en est avantageuse à bien des égards ; on peut y faire du beau, pourvû qu'on n'y fasse point trop de Bâtimens, ce qui ôteroit la vûe d'un des plus beaux endroits qu'il y ait dans le monde connu. Cependant il faut convenir que la Place projettée devant le Louvre auroit eû l'avantage d'être dans la Ville, & au milieu d'un de ses plus beaux quartiers : avantage que l'autre place n'aura pas, puisqu'elle sera au-dehors.

Nous terminâmes là notre courte promenade & nos longues conversations. Je n'entrai, comme on a vû, avec mon Ami dans aucun détail ſur les trois articles que nous traitâmes ; je ne lui préſentai que quelques objets. Je lui indiquai, avant que de nous ſéparer, les Livres dans leſquels on trouve ces détails ; je lui conſeillai de les lire quand il en auroit le loiſir ; il me le promit & nous nous quittâmes. A quelque tems delà nous nous rejoignîmes ; mon Ami avoit beaucoup lû, beaucoup vû ; il avoit réfléchi & comparé ; je ne fus point étonné de le trouver *Connoiſſeur.* Ce me fut une nouvelle preuve de ce que j'ai oſé avancer dans mon Avertiſſement, qu'avec quelques diſpoſitions naturelles, de l'application, de la réflèxion, & en comparant, on pouvoit acquérir bien des Connoiſſances en ces matières.

On le peut, je l'eſſaie ; un plus Sçavant le faſſe.
LA FONTAINE, L. 2. Fab. 1.

FIN.

MÉMOIRES
SUR
LE LOUVRE,

*PAR M. DE B************

NOUVELLE ÉDITION,

REVUE ET CORRIGÉE.

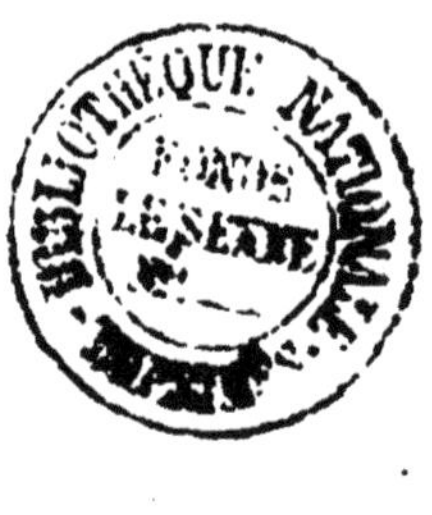

M. DCC. LII.

PREMIER MÉMOIRE
SUR
LE LOUVRE.
1752.

De quelque façon qu'on s'y prenne pour achever le Louvre ; cette opération demande également du têms & de la dépense.

Il y a deux façons de s'y prendre ; l'une qu'on appellera le grand Projet, l'autre le petit Projet.

Le grand Projet est de continuer, tout au tour de l'intérieur de la Cour du Louvre, le troisième Ordre que Louis XIV. M. *Colbert* & M. *Perrault* ont fait élever derrière ce qu'on appelle la *Colonnade du Louvre*, qui regarde Saint Germain l'Auxerrois : ce troisième Ordre est élevé jusqu'à l'entablement dans toute la longueur de la Colonnade, & dans la partie gauche de la Cour du Louvre, derrière la Façade qui est du côté de la rue Saint Honoré, jusqu'au milieu de la partie qui est entre le gros Pavillon du milieu & celui qui forme l'encoignure du Louvre du côté de la rue du Chantre : tout le reste n'est point fait, & on n'y voit aujourd'hui qu'un petit Attique ancien qui règne jusqu'à l'encoignure de la Face où est élevé le troisième Ordre du côté de la rivière. Pour s'orienter, il faut supposer qu'on entre dans la Cour du Louvre par la Porte qui donne sur la petite Place où aboutit la rue Froidmanteau.

Ce qu'on appelle dans ce Mémoire le petit Projet, est de démolir ce troisième

Ordre, & de faire régner tout au tour de la Cour du Louvre un petit Attique pareil à l'ancien. Dans l'une ou dans l'autre façon, il y a prèsque également à démolir & à reconstruire de nouveau, car la plupart des anciens entablemens sont mauvais, & il en faudra faire de nouveaux au moins dans les parties qu'il faut faire à neuf. De plus, pour bien faire, il faut mettre une balustrade sur tous les entablemens anciens ou à reconstruire dans tout le pourtour intérieur de la Cour du Louvre, pour couronner convenablement & dignement tous ces entablemens, & pour cacher une partie des toits, ce qui coutera également, soit qu'on continue le troisième Ordre tout au pourtour intérieur de la Cour, soit qu'on se conforme, pour les nouveaux entablemens à construire, à ceux qui sont anciens.

On objectera peut-être contre ce qu'on appelle dans ce Mémoire le grand Projet que quand on viendra à toucher au troisième Ordre commencé, il s'en ira tout en poussière parce qu'il y a plus de soixante ans qu'il est à découvert. A cela les gens du métier répondent qu'il n'y aura que la première assise où tout au plus la seconde d'endommagée ; mais de quelque façon qu'on s'y prenne, ne faudra-t'il pas toujours faire à neuf les entablemens qui ne couteront pas plus à faire sur un Ordre que sur un Attique.

On doit dire en faveur du grand Projet, que si on le continue, la Cour du Louvre en aura beaucoup plus de noblesse, de grace & d'élévation ; elle peut parfaitement comporter cette élévation par l'étendue qu'elle a aujourd'hui. L'ancien petit Attique étoit convenable, suivant l'intention dans laquelle le Louvre a été commencé autrefois : sa Cour ne devoit avoir que le quart de l'étendue qu'elle a maintenant ; & aujourd'hui ses Bâtimens paroîtroient bas & écrasés, si on conformoit les nouveaux entablemens à faire à ceux qui sont faits anciennement. Cet article demande la plus grande attention.

Il en est des Artistes comme de tous les autres hommes en général; on peut les partager en trois classes : la plus nombreuse est celle des ignorans & des gens d'un génie borné; les Artistes médiocres, & les demi-Connoisseurs forment la seconde, elle est prèsque aussi nombreuse que la première; la troisième qui doit être la première en considération, est celle des habiles Artistes & des bons Connoisseurs; elle est peu étendue, & il est aisé de les consulter pour une opération d'une aussi grande conséquence, & sur laquelle il ne faut pas prendre un parti à la légère dont on se repentiroit éternellement; car si on commence bien, on donnera l'exemple de continuer de même, & si on prend un mauvais parti, on mettra nos successeurs dans la fâcheuse nécessité ou de détruire ce qui aura coûté beaucoup de tems & de dépense, ou d'achever avec regret & désagrément ce qu'on aura mal commencé.

On peut assurer que nos plus habiles Architectes, nos meilleurs Artistes & nos vrais Connoisseurs, sont pour le troisième Ordre.

Il est à remarquer qu'il y a au Louvre quatre Pavillons aux quatre encoignures, & quatre autres dans les milieux des quatre parties qui forment la Cour (*en tout huit Pavillons.*) Il faudroit, autant qu'on le pourra, conserver ceux qui sont faits, y conformer ceux qui restent à faire ou à achever, & les rendre tous uniformes, ce qui n'est peut-être pas possible exactement : voici pourquoi. Le pavillon sous lequel on passe quand on entre dans la Cour du Louvre du côté de la rue Froidmanteau, est plus élevé que les autres ;

on ignore pourquoi on a fait cette faute, car ç'en eſt une : les Caryatides gigantèſques qu'on y a miſes, écraſent d'une façon déſagréable le petit Attique qui eſt au-deſſous ; (on parle de l'intérieur de la Cour) cette partie pourroit être détruite, il n'en coûteroit que la démolition. Le milieu de la Colonnade du Louvre, du côté de Saint Germain l'Auxerrois, eſt couronné par un fronton triangulaire ; on pourroit y adoſſer un fronton circulaire du côté de l'intérieur de la Cour, & en former un pareil vis-à-vis, à la place de la partie formée par les Caryatides qui ſont au Pavillon ſous lequel on entre au Louvre. Par ce moyen, ces deux parties qui ſont en face l'une de l'autre, ſe trouveroient de ſymmétrie ; il en ſeroit de même des autres Pavillons, &c. &c. &c.

Si on ſupprime le troiſième Ordre qui eſt adoſſé à la Colonnade du Louvre, & qu'on y élève un Attique pareil aux anciens, on ose assurer qu'il sera impossible de racorder convenablement (dans cette partie) la décoration intérieure avec l'extérieure. Il en seroit de même de la Façade qui regarde la rue Saint Honoré, de celle qui regarde la Rivière, &c. &c. &c.

CONCLUSION.

Il n'est question aujourd'hui que de bien commencer, & de travailler petit-à-petit sur un même Plan général bien conçû; le tems sera le reste.

> *Dimidium facti; qui benè cœpit, habet;*
> *Sapere, aude, incipe. . . . .*
>
> HORAT. Epist. 2. Lib. 1.

SECOND MÉMOIRE SUR LE LOUVRE,

PRÉFÉRABLE AU PREMIER,

*PAR M. DE B************

NOUVELLE ÉDITION,

REVUE ET CORRIGÉE.

M. DCC. LII.

SECOND MÉMOIRE
SUR
LE LOUVRE.
1752.

EN supposant qu'on mit en délibération la manière d'achever le Louvre, il n'est pas douteux que le plus grand nombre de ceux qu'on appelleroit à ce Conseil, commenceroient par dire que dans une opération de cette importance, & qui doit passer jusqu'à la postérité la plus reculée, il ne faut prendre garde ni au tems ni à la dépense, & qu'il ne faut songer qu'à faire *au Mieux*. Cela est beau dans la ſpéculation. La plupart des hommes par amour propre, penſent s'élever vis-à-vis d'eux-mêmes, & vis-à-vis des autres, en propoſant de grands & vaſtes Deſſeins; mais celui qui plus prudent, plus aviſé & plus expérimenté, connoît les hommes en général, & les *François* en particulier, ne ſe livre pas à de trop vaſtes projets qui demandent trop de tems & trop de dépenſe, & ſurtout beaucoup de *Conſtance*. Combien d'événemens peuvent arriver qui ſuſpendent & font abandonner de trop vaſtes entrepriſes commencées! Différens Rois, leur différente façon de penſer, des changemens de Miniſtres, une guerre longue & coûteuſe, la trop grande dépenſe, le trop de tems qu'exigeroit une entrepriſe trop conſidérable; enfin, mille autres inconvéniens qu'on ne peut pas tous prévoir, & qui arrêtent tout: ainſi rien ne s'achève, & on ne jouit jamais. Nous n'en avons qu'une trop funeste expérience dans ce même Louvre qu'il s'agiroit de finir. Si Louis XIV. M. *Colbert* & M. *Perrault*, tous grands hommes qu'ils étoient, chacun dans leur genre, ne s'étoient pas livrés trop aisément à de trop vastes projets, ils auroient eu la satisfaction d'achever le Louvre, & il y a long-tems que l'on en jouiroit; mais au lieu de se contenter d'achever du mieux qu'ils auroient pû ce qui étoit assez bien commencé, & qu'ils auroient pû embellir en l'achevant dans la même idée qu'il étoit commencé, ils ont cru faire mieux, ils ont voulu faire *Mieux que Bien.* Qu'en est-il arrivé? Après des dépenses prodigieuses, tout est resté imparfait, & aujourd'hui on se trouve dans le plus grand embarras; on ne sçait comment s'y prendre pour achever & faire quelque chose de raisonnable, & qui soit possible. Ne faisons donc pas comme eux, faiſons ce qu'ils auroient dû faire.

Celle des Façades du Louvre qui regarde S. Germain l'Auxerrois, & qu'on appelle vulgairement *la Colonnade du Louvre*, eſt achevée en dehors & en dedans du côté de la Cour : il ne reſte aujourd'hui que de la couvrir par un toit briſé, dont les Baluſtrades extérieures & intérieures cacheront la plus grande partie, à peu près comme on a fait au Palais des Thuilleries, lorſque LOUIS XIV. l'a reſtauré & embelli. A l'encoignure de cette Colonnade qui tient à la façade du Louvre, qui regarde la Rivière, il y avoit autrefois un Pavillon dont le toit a été démoli en partie, & eſt aujourd'hui étayé; il faut achever de le démolir entièrement, car il ne faut point qu'il paroiſſe de toit aux deux Pavillons qui terminent la Colonnade; c'étoit l'intention de Monſieur *Perrault*, ainſi qu'on le voit dans les élévations de cette Colonnade qui ont

été

été gravées de son tems. Il s'est contenté de mettre un grand Fronton au milieu de cette Colonnade, & n'en vouloit point mettre aux deux Pavillons qui la terminent, c'est le meilleur parti. Par cet arrangement le milieu domine, & les Pavillons des Coins ne lui disputent rien. D'ailleurs une répétition de Frontons aigus ou ceintrés, font souvent un mauvais effet, tombent trop dans la répétition, & causent trop d'uniformité ; ce qu'il faut éviter autant qu'on le peut, en conservant cependant la symmétrie autant qu'il est possible.

Autrefois la Façade du Louvre qui regarde la Rivière étoit d'une belle Architecture (elle est gravée.) Elle contenoit trois Pavillons & deux Corps de Logis. Le Pavillon du milieu & ceux des deux encoignures étoient plus élevés que les deux Corps de Logis, & étoient couverts de toits assez exhaussés. Quand

M. *Perrault* conçut l'idée de la Colonnade, il voulut que les Entablemens de la Façade qui eſt du côté de l'eau, fuſſent du même alignement que ceux de la Colonnade, & il avoit raiſon. D'ailleurs, il vit que les Bâtimens de la Façade qui regardent la Rivière étoient ſimples, il voulut les faire doubles pour ſe procurer plus de logemens avec plus de commodités; mais par là il s'eſt jetté dans de grands inconvéniens, ainſi qu'on va le dire. Il a élevé du côté de l'eau une Façade qui ſe raccorde avec ſa Colonnade, par là il s'étoit mis dans la néceſſité indiſpenſable de démolir l'ancienne décoration de cette Façade qui étoit belle, & peut-être ſuffiſante; aujourd'hui elle devient totalement inutile, on ne peut la conſerver, elle nuiroit au-dedans des Logemens, les murs ſont trop épais & tiendroient trop de place, il faut donc aujourd'hui la démolir, & reconſtruire à ſa place un mur de refend fort ſolide & néceſſaire pour ſe procurer des Logemens doubles dans cette partie : *Quelle dépenſe !* D'ailleurs, il faut obſerver que dans des Palais de cette conſéquence, les Piéces des Appartemens doivent être vaſtes & les murs épais ; par conſéquent ces Appartemens, quand ils ſont doubles, deviennent ſombres indiſpenſablement : Ils ſont plus vaſtes, & peut-être plus commodes, mais ils ſont privés de pluſieurs agrémens. N'en eſt-ce pas un fort grand pour de grandes Piéces que d'être percées des deux côtés ; ce qui les rend beaucoup plus claires. Autrefois les Appartemens de cette Façade jouiſſoient en même tems de la vûe de la Rivière, & de la vûe de la Cour de ce Palais. *Quel agrément !* En Hyver ils étoient échauffés par le Midi, & en été ils étoient rafraîchis par le Nord. Il eſt vrai que pour rendre les Logemens commodes, il auroit fallu y faire plusieurs escaliers, ce qui étoit fort possible, en les plaçant dans les encoignures des Bâtimens & ailleurs. En doublant ces Bâtimens du côté de la Rivière, M. *Perrault* s'est mis dans la nécessité de démolir les trois Pavillons de cette Façade pour la mettre d'accord avec sa Colonnade ; c'est ce que l'on peut faire aujourd'hui fort aisément. Par-là l'extérieur deviendra d'accord avec l'intérieur.

Les Appartemens du Louvre qui donnent sur la Cour, qui autrefois étoient simples, & que M. *Perrault* a voulu rendre doubles en élevant un mur de face du côté de la Rivière, n'avoient autrefois environ que 30 pieds en dedans œuvre, ils étoient trop étroits, le double qu'il a élevé du côté de la Rivière n'a guères plus de largeur ; ainsi les Appartemens qu'il contiendroit auroient le même défaut que ceux qui sont du côté de la Cour. Pour éviter ces deux inconvéniens, ne pourroit-on pas se contenter de démolir le mur qui faisoit autrefois la face extérieure de cette partie du Louvre du côté de la Rivière, & ne pas construire à sa place un nouveau mur de refend, par-là on éviteroit la dépense de construire un mur épais, & les Appartemens auroient toute la largeur contenue entre le mur extérieur qui regarde la Rivière, & le mur intérieur qui est du côté de la Cour. On trouveroit peut-être que les Appartemens seroient trop larges puisqu'ils auroient environ soixante pieds de largeur, & peu commodes faute de dégagemens; il seroit bien-aisé de remédier à ces deux inconvéniens, il n'y auroit qu'à pratiquer un Corridor ou Galerie dans toute la longueur de cette partie du côté de la Cour. * De cette façon les

* C'étoit, peut-être l'intention de M. *Perrault*, ainsi qu'il est indiqué par les pierres d'attente dans

Appartemens jouiroient de la vûe de la Rivière; l'inſpection des Lieux & des Plans gravés rendront tout ceci plus clair & plus ſenſible, il faut y avoir recours.

A l'égard de la Façade extérieure du Louvre qui regarde la rue Saint Honoré, elle eſt fort eſtimée des Connoiſſeurs, elle eſt d'un beau ſimple, & elle fait variété avec les autres. Gardons-nous bien de la doubler, comme celle du côté de la Rivière, nous nous jetterions par-là dans les mêmes inconvéniens, & peut-être plus grands encore, ainſi qu'on va l'expliquer. L'Egliſe des Peres de l'Oratoire qui mérite d'être conſervée, nous gêne. Si on vouloit doubler cette partie du Louvre, elle ſe trouveroit trop près de l'Egliſe, il n'y auroit plus de reculée pour la voir, & même pas aſſez de paſſa-

la partie du Louvre, qui eſt du côté de la rue Saint Honoré, du côté de la Cour.

ge pour les voitures le long de cette Façade. Dans un Palais de cette importance, il faut que les accès en soient faciles & dégagés, & qu'on puisse fort aisément circuler tout autour; ce qui deviendroit impossible, si on doubloit cette Façade du côté des Peres de l'Oratoire.

Il est à observer que M. *Perrault* en voulant donner une certaine étendue à sa Colonnade, a dépassé, en la construisant, le mur extérieur de la Façade du côté de la rue Saint Honoré, prèsque vis-à-vis le Cul-de-Sac de l'Oratoire, ce qui forme aujourd'hui un Pavillon saillant; mais qui se raccorde avec la Façade de ce côté là. Contentons-nous aujourd'hui de former un Pavillon pareil à l'autre extrêmité de cette Façade, par-là tout se trouvera d'accord & de symmétrie. Bien entendu que ces deux Pavillons n'auront point de toits apparens, & que ces toits seront d'accord avec tous les autres.

Laiſſons juſqu'à nouvel ordre la Façade du Louvre qui regarde la Place où aboutit la rue Froidmanteau, telle qu'elle eſt aujourd'hui, à peu près comme au *Luxembourg*. Par la ſuite on pourra ſupprimer les toits des trois Pavillons qu'elle contient, & les rendre ſemblables à tous les autres. Pourvû que les quatre Façades extérieures du Louvre ſoient d'accord & de ſymmétrie dans toutes les parties qui compoſent chacune d'elles; cela doit ſuffire, on ne les voit pas toutes quatre à la fois. La décoration intérieure des quatre côtés qui forment la Cour du Louvre, eſt plus difficile à accorder. C'eſt ce que nous allons traiter le plus ſommairement qu'il nous ſera poſſible.

Pour s'orienter il faut ſe ſuppoſer au milieu de la Cour du Louvre, & y être entré par la Façade qui donne ſur la Place Froidmanteau. On appercevra au fond de la Cour en face, la Façade intérieure de ce côté ſur laquelle M. *Perrault* a fait élever un troiſième Ordre qui ſe trouve en dedans de la Cour parallele & adoſſé à la Colonnade extérieure. Ce troiſième Ordre eſt continué au dedans de la Cour en retour à gauche juſqu'au Pavillon qui ſe trouve au milieu de ce côté, & ſur ce Pavillon même, & continué environ à la moitié de la partie qui eſt depuis le Pavillon du milieu juſqu'à l'encoignure intérieure du côté de la rue Froidmanteau. Achevons ce troiſième Ordre qui eſt en face. Il y a peu de choſe à faire. Achevons ce qui eſt commencé juſqu'au Pavillon du milieu de la partie gauche, & à ce Pavillon même. Arrêtons-nous là, enſuite démoliſſons le peu qui eſt commencé du troiſième Ordre en-deça de ce Pavillon, & continuons en ſa place le petit Attique qui régne dans le reſte de cette partie. Rendons la partie de la

Cour qui se trouve à notre droite pareille à celle dont nous venons de parler, ces trois parties se trouveront d'accord & de symmétrie, laissons toutes les autres parties intérieures comme elles sont aujourd'hui. Que résultera-t'il de tout cela? Le voici : à peu près le même effet qu'au Palais du *Luxembourg*. On verra en entrant dans la Cour du Louvre une face de Bâtiment élevé, deux aîles en retour de pareille hauteur & symmétrie qui seront terminées par deux Pavillons égaux, le reste demeurera comme il est aujourd'hui, ce seront deux aîles subordonnées aux autres, & égales entre elles. La Façade intérieure de la Cour, parallele & adossée à l'extérieure qui donne sur la Place Froidmanteau, restera jusqu'à nouvel ordre comme elle est aujourd'hui, sauf à démolir par la suite le toit du Pavillon du milieu sous lequel on passe pour entrer dans la Cour du Louvre, du côté de la Place Froidmanteau, & à le rendre semblable aux autres. Par cet arrangement nous démolissons peu de choses, nous ne construisons prèsque rien de nouveau, nous conservons tout ce que nous avons, & par conséquent, nous employons moins de tems, moins de dépense, & nous jouissons plutôt. En prenant ce parti, nous laissons à nos successeurs la *Possibilité* & l'*Exemple* de rendre égale toute la décoration de l'intérieur de la Cour du Louvre, en démolissant ce qui resteroit pour lors de l'ancien petit Attique, & en substituant à sa place le troisième Ordre pareil à celui que nous acheverions aujourd'hui, au lieu qu'en démolissant à présent ce troisième Ordre, & y substituant un petit Attique pareil à l'ancien, qui est présentement dans les autres parties intérieures du Louvre, nous les engageons à le continuer partout; (s'il nous étoit arrivé d'arrêter avant de l'avoir fini) ainsi, au lieu d'embellir le Louvre, comme on le peut aisément, il arriveroit que si on l'achevoit conformément à l'ancien petit Attique, on diminueroit considérablement l'exhaussement & la beauté intérieure de ce Palais.

Disons un mot des couvertures qui restent à faire à ce Palais. Dans les parties où le Bâtiment est simple, rien de si aisé & de si peu de frais, la seule partie qui est du côté de la Rivière est double, couvrons-la en deux parties dans sa longueur, une goutière dans le milieu de ces deux parties, le côté de la Cour est déja couvert, ainsi peu de dépense, aisée & bientôt faite.

Il nous reste à parler de la partie du Louvre qui y est contigue, & pour ainsi dire extérieure, c'est ce que M. le Cardinal de *Rohan* occupoit, & qui l'est préſentement par M. le Comte d'*Argenſon* à un Architecte, qui penſera paroître un grand Architecte & qui ne le ſera pas, commencera par dire : *Tout cela ne vaut rien ; il faut jetter tout cela bas ;* mais un homme de goût dira : *Conſervons ce petit morceau, il eſt précieux à bien des égards ;* ainſi qu'on va le voir bientôt. Il n'eſt pas abſolument achevé à l'extérieur : mais il y a peu de choſes à faire pour qu'il le ſoit, il faut ſeulement élever l'Attique qui y manque depuis le Pavillon qui eſt au milieu de ce Bâtiment juſqu'au gros Pavillon qui forme l'encoignure du Louvre de ce côté là, & rendre cet Attique nouveau pareil à celui qui eſt anciennement élevé dans la partie parallele à celle qu'il faut élever aujourd'hui. Ce nouvel Attique ſe raccordera le mieux qu'il ſera poſſible avec le gros Pavillon du Louvre, & quand il lui feroit inférieur & ſubordonné, il n'y a pas grand inconvénient, parce que ce corps de Bâtiment est, pour ainsi dire, isolé du reste du Louvre, & y communique seulement par l'intérieur qui renferme des choses très-précieuses, & qu'il faut conserver très-soigneusement. Cet intérieur est prèsque partout extrêmement orné des plus belles Peintures, Sculptures, Dorures, &c. &c. &c. Ces Peintures dont les plus considérables sont peintes à frèsque par *Romanelli* & de son plus Beau, méritent d'être conservées : c'est peut-être ce qu'il y a de plus beau à Paris dans ce genre ; il a peint aussi à l'huile tout l'Appartement de la Reine dans le goût de *Pierre de Cortone* son maître. Les Sculptures de ces Appartemens ont été exécutés par les meilleurs Sculpteurs de ce tems-là, & sont de toute beauté.

Un Propriétaire prudent, & un Architecte sage, ne diminueront jamais leur

Domaine, ils le conſerveront ſoigneuſement; l'augmenteront, l'embelliront autant qu'ils le pourront, ſurtout s'il mérite comme celui-ci, qu'on s'en donne la peine.

FIN.

VERS
SUR LE LOUVRE.
PAR M. DE VOLTAIRE.

MONUMENTS imparfaits de ce ſiécle vanté,
Qui ſur tous les Beaux Arts a fondé ſa Mémoire!
Vous verrai-je toujours en atteſtant ſa gloire
Faire un juſte reproche à la poſtérité?

Faut-il que l'on s'indigne alors qu'on vous admire?
Et que les Nations qui veulent nous braver,
Fières de nos défauts, ſoient en droit de nous dire
Que nous commençons tout pour ne rien achever?

Sous quels débris honteux, ſous quel amas ruſtique
On laiſſe enſevelir ces Chefs-d'œuvres divins!
Quel Barbare a mêlé la baſſeſſe Gothique
A toute la grandeur des Grecs & des Romains!

LOUVRE, Palais pompeux dont la France s'honore,
Sois digne de ce Roi ton Maître & notre appui;
Embellis ces climats, que ſa vertu décore;
Et dans tout ton éclat montre-toi comme lui.

EPITRE
A MONSIEUR
DE TOURNEHEM,

Directeur & Ordonnateur Général de Bâtimens, Jardins, Arts & Manufactures de SA MAJESTE'.

SUR LA COLONNE
DE
L'HOSTEL DE SOISSONS.

Par M. GRESSET, *de l'Académie Françoise, & de celle de Berlin.*

NOUVELLE E'DITION.

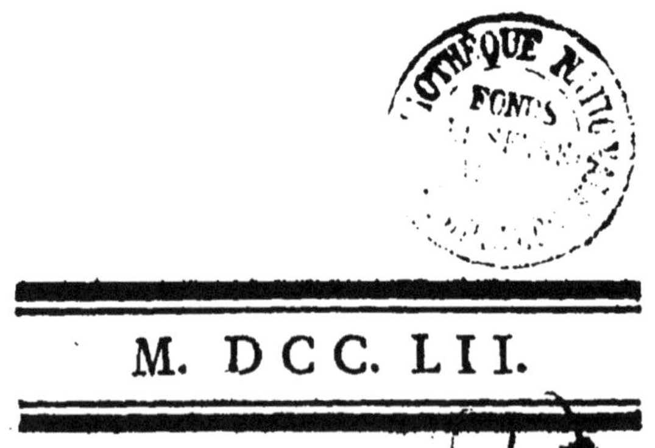

M. DCC. LII.

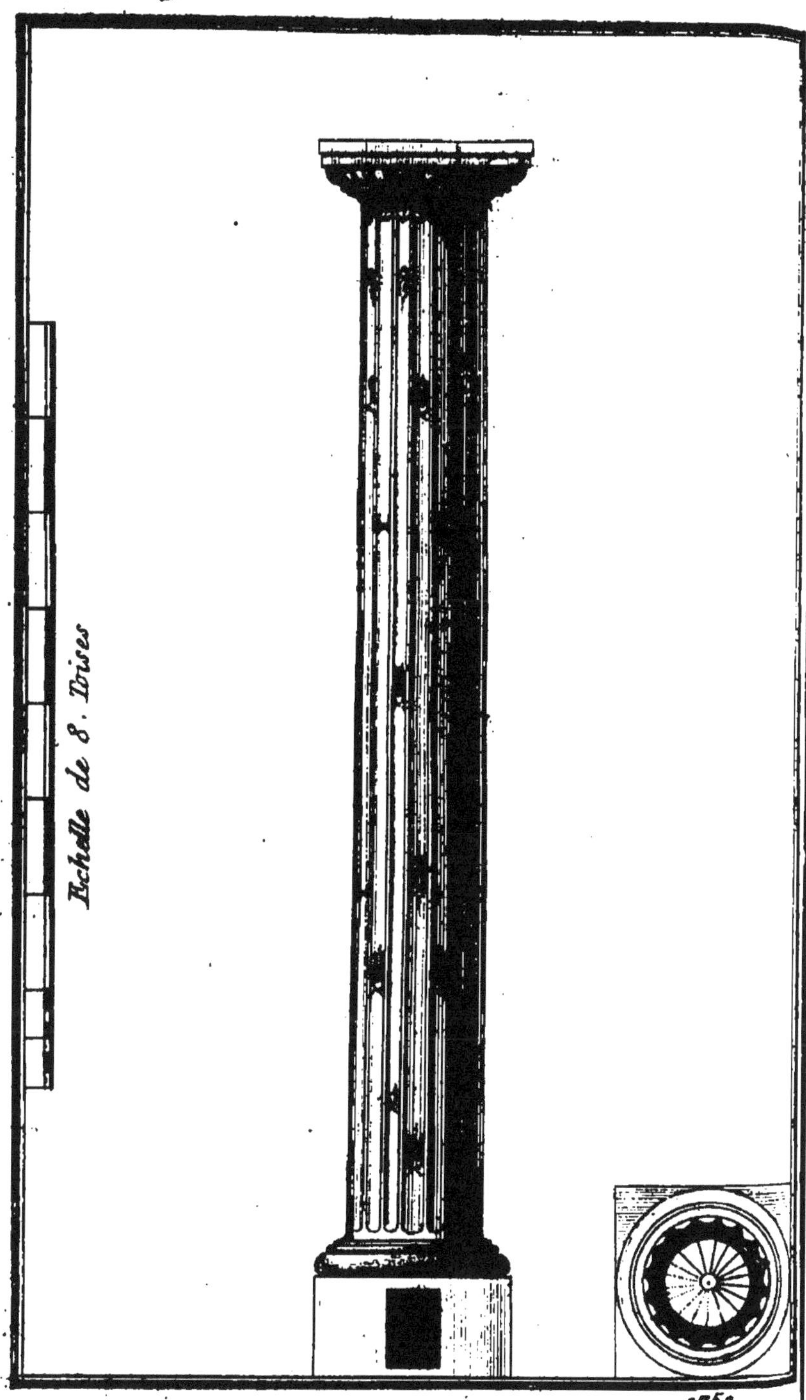

1757

Colonne de l'Hotel de Soissons érigée
par Catherine de Médicis en 1572.

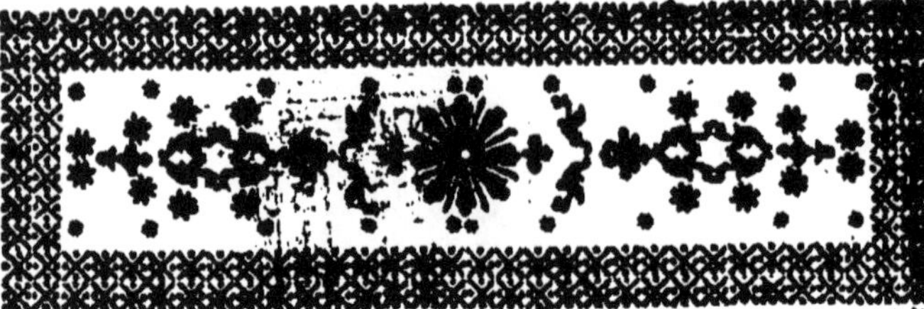

EPITRE SUR LA COLONNE DE L'HOSTEL DE SOISSONS.

VOus, à qui les Enfans d'Appelle,
De Phidias, de Praxitele,
Vont devoir des progrès nouveaux,
Rendez à d'antiques Travaux
Une gloire toute nouvelle,
Sauvez-les du ſein des tombeaux ;
Et qu'ils conſacrent votre zèle.

DANS les ruines d'un Palais
Dont l'architecture groſſière

Ne pouvoit laisser de regrets
En retombant dans la poussière,
Vaste enceinte, informe carrière,
Qui n'offre plus que les débris
Des murs qu'éleva MÉDICIS,
Il est un ouvrage durable,
Que deux Siécles ont respecté,
Et dont notre Age est redevable
Aux yeux de la Postérité : *
Cependant à son jour suprême
Ce Monument semble arrivé,
Et peut-être en cet instant même
Le fer destructeur est levé.
Aux yeux d'un adjudicataire
Qui calcule & ne pense pas,
Cet ouvrage, peu nécessaire,
N'est que du fer, & qu'un amas
De pierres qu'il vend à l'enchère :
Souffriroit-on ce trait honteux

* Les Amateurs des Arts & de l'Antiquité s'intéresseront sans doute à la conservation de cette Colonne : ceux qui ne la connoissent pas assez peuvent lire la description & l'éloge que Sauval en fait dans son Histoire des Antiquités de Paris, T. II. p. 217.

D'une Gothique barbarie,
Dans les jours les plus lumineux,
Des talens & de l'Industrie!
Déja cette Ville chérie,
Cette souveraine des Arts
Et des agrémens de la vie,
Qui les verse de toutes parts
Sur l'Univers qui l'étudie
Et tient sur elle ses regards,
Paris, le temple du Génie,
Offre trop peu des Monumens
Où Rome, Athène, Alexandrie
Consacroient les faits éclatans,
La puissance de la Patrie,
Et le témoignage des Temps:
Privés d'une magnificence
Si commune aux Peuples divers
Qui régnèrent, avant la France,
Sur les Arts & sur l'Univers,
Verrions-nous dans notre indigence
Le vil Intérêt, l'Ignorance
Prévenir les efforts des Ans,

Et de nos embelliſſemens
Précipiter la décadence,
Dans ces mêmes jours ſi brillans
Où l'heureuſe Paix, l'Abondance,
Et tous les Plaiſirs renaiſſans
Vont ranimer d'intelligence
Tous les Arts & tous les Talens ?
Tandis qu'il en eſt temps encore,
Détournez d'odieuſes mains,
Vous, que l'Architecture implore
Contre leurs efforts inhumains ;
Qu'échapée aux premiers outrages
Qui menacent ſes fondemens,
Cette Colonne à tous les Ages
Tranſmette d'illuſtres images
De la ſplendeur de notre tems,
Et pour de plus heureux uſages
Reçoive d'autres ornements ;
Car dans mes craintes pour ſa gloire
Je ne regrette point ici
L'aſtrologique Obſervatoire
Que *MÉDICIS* avoit bâti

Pour le chimérique Grimoire
De *Gauric* & de *Ruggéri* : *
Non, c'eſt déja trop de l'Hiſtoire
Pour ces faits dignes de l'oubli,
Sans que le Ciſeau doive auſſi
En éterniſer la mémoire ;
Qu'illuſtré, changé, rajeuni
Ce Monument ſoit enrichi
Des Attributs de la Victoire,
Et que LAWFELT ou FONTENOY
Y gravent l'immortelle gloire
Et les travaux du plus grand Roy.

La Colonne qu'Apollodore
Jadis érigea pour Trajan,
De ** celle qui nous reſte encore
Nous dicte l'uſage & le plan :
Rivale du culte héroïque
Dont Rome honora les vertus,

* Célébres Aſtrologues du XVI. ſiécle : *Catherine de Médicis* étoit en commerce de lettres avec *Luc Gauric*, & vouloit l'attirer d'Italie en France, où il ne vint pas.

** C'eſt en partie ſur le modèle de la Colonne *Trajane* que celle de l'Hôtel de Soiſſons a été élevée.

Que LA COLONNE LODOIQUE
Offre d'auſſi juſtes tributs.

Trop étranger dans l'apanage
Et du Bramante & de Bernin,
Oſerai-je de cet ouvrage
Ebaucher un foible deſſein?
C'eſt peut-être une rêverie
Que ma Muſe crayonnera,
Mais c'eſt rêver pour la Patrie,
Et l'objet me juſtifiera.

Au lieu de la ſphère armillaire
Que la Colonne éleve aux Cieux,
Plaçons l'image auguſte & chère
D'un Monarque victorieux, *
Et que ce Phare lumineux,
Au-deſſus du rang ordinaire
Des Monumens de nos ayeux,
Sur le bronze & l'or, à nos yeux
Préſente l'Aſtre tutélaire

* Le Sénat & le Peuple Romain avoient placé la Statue de Trajan ſur la Colonne conſacrée à cet Empereur.

De tant de triomphes fameux. *
Et tandis que ce noble hommage,
Trophée unique en nos climats
Et digne du goût de notre Age,
Peindra le Héros des Combats :
Qu'ailleurs une Place immortelle
S'éleve au Héros de la paix,
Monument brillant & fidéle
De l'amour, du respect, du zéle,
Et des talens de ses sujets ;
Les Ministres de Calliope
Y graveront le nom sacré
D'un Monarque heureux, adoré,
Et le Bienfaicteur de l'Europe.

FIN.

* Avec quelques réparations fort aisées à faire à la Colonne, un revêtement en marbre autour de sa base, une grille à une juste distance, & un ordre d'aligner sur ce Point de vûe, les rues qui seront bâties sur le terrain de l'Hôtel de Soissons, Paris conserveroit un Monument qui est tout fait, & auroit une Place de plus.

Cette Colonne appartient aujourd'hui à la Ville. (1752.)

DE
CE QU'ON NE FAIT PAS,
ET DE
CE QU'ON POURROIT FAIRE.

Par M. de Voltaire.

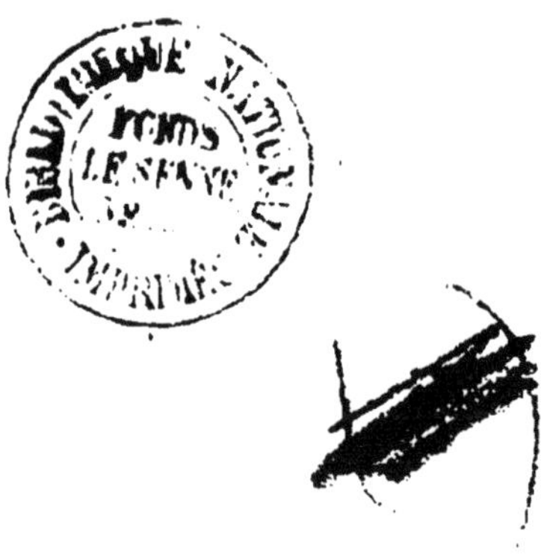

DE CE QU'ON NE FAIT PAS,

ET

DE CE QU'ON POURROIT FAIRE.

Par M. DE VOLTAIRE.

LAISSER aller le monde comme il va, faire ſon devoir tellement quellement, & dire toujours du bien de Mr le Prieur, eſt une ancienne maxime de Moines, mais elle peut laiſſer le Couvent dans la médiocrité, dans le relâchement & dans le mépris.

Quand l'émulation n'excite point les hommes, ce ſont des ânes qui vont leur chemin lentement, qui s'arrêtent au premier obſtacle & qui mangent tranquillement leurs chardons, à la vue des difficultés dont ils ſe rebutent; mais aux cris d'une voix qui les encourage, aux piqûres d'un aiguillon qui les réveille, ce sont des Coursiers qui volent & qui sautent au-delà de la barrière. Sans les avertissemens de l'Abbé de S. Pierre, les barbaries de la Taille arbitraire ne seroient peut-être jamais abolies en France; sans les avis deLocke, le désordre public dans les Monnoies n'eût point été réparé à Londres: il y a souvent des hommes qui, sans avoir acheté le droit de juger leurs semblables, aiment le bien public, autant qu'il est négligé quelquefois par ceux qui acquèrent comme une Métairie le pouvoir de faire du bien & du mal.

A Rome, dans les premiers temps de la République, un jour un Citoïen, dont la passion dominante étoit le desir de rendre son pays florissant, demanda à parler au premier Consul; on lui dit que le Magistrat étoit à table avec le Préteur, l'Edile, quelques Sénateurs, leurs Maitresses & leurs

leurs Bouffons ; il laiſſa entre les mains d'un des Eſclaves inſolens qui ſervoient à table, un Mémoire dont voici à peu près la teneur.

« Puiſque les Tirans ont fait par toute » la terre le mal qu'ils ont pû, ô vous, » qui vous piqués d'être Bons, pourquoi » ne faites-vous pas tout le bien que vous » pouvez faire ? D'où vient que les pau- » vres aſſiégent vos Temples & vos Car- » refours, & qu'ils étalent une misère » inutile à l'Etat & honteuſe pour vous, » dans le temps que leurs mains pour- » roient être employées aux travaux pu- » blics ? Que font pendant la paix ces » Légions oiſives, qui peuvent réparer » les grands chemins & les Citadelles ? » Ces Marais, ſi on les deſſéchoit, n'in- » fecteroient plus une Province, & de- » viendroient des terres fertiles ; ces Car- » refours irréguliers, & dignes d'une Vil- » le de Barbares peuvent ſe changer en

» Places magnifiques ; ces Marbres en-» tassés sur le rivage du Tibre peuvent » être taillés en Statues, & devenir la ré-» compense des grands Hommes & la le-» çon de la Vertu ; vos Marchés publics » devroient être à la fois commodes & » magnifiques, ils ne sont que malpropres » & dégoûtans ; vos Maisons manquent » d'eau, & vos Fontaines publiques n'ont » ni goût ni propreté ; votre principal » Temple est d'une architecture barbare ; » l'entrée de vos Spectacles ressemble à » celle d'un lieu infâme ; les Salles où le » Peuple se rassemble pour entendre ce » que l'Univers doit admirer, n'ont ni » proportion, ni grandeur, ni magnifi-» cence, ni commodité ; le Palais de vo-» tre Capitale menace ruine, & est inha-» bité ; en vain votre paresse me répon-» dra qu'il faudroit trop d'argent pour » remédier à tant d'abus : de grace, don-» nerez-vous cet argent aux Massagètes,

» & aux Cimbres, ne sera-t-il pas gagné » par des Romains, par vos Architectes, » par vos Sculpteurs, par vos Peintres, » par tous vos Artistes ? ces Artistes ré- » compensés rendront cet argent à l'Etat » par les nouvelles dépenses qu'ils seront » en état de faire ; les Beaux Arts seront » en honneur, ils feront à la fois votre » gloire & votre richesse, car le Peuple » le plus riche est toujours celui qui tra- » vaille le plus.

» Ecoutez donc une noble émulation, » & que les Grecs, qui commencent à » estimer votre valeur & votre condui- » te, ne vous reprochent plus votre » grossièreté. »

On lut à table le Mémoire du Citoïen; le Consul ne dit mot & demanda à boire, l'Edile dit qu'il y avoit du Bon dans cet Ecrit, & on n'en parla plus ; la conversa- tion roula sur la féve du Vin de Falerne, sur le montant du Vin de Cécube ; on fit l'éloge d'un fameux Cuiſinier, on approfondit l'invention d'une nouvelle ſauce pour l'Eſturgeon, on porta des ſantés, on fit deux ou trois Contes inſipides & on s'endormit. Cependant le Sénateur Appius qui avoit été touché en ſecret de la lecture du Mémoire, conſtruiſit quelque temps après la Voie Appienne, Flaminius fit la Voie Flaminienne, un autre embellit le Capitole, & un autre bâtit un Amphithéâtre, un autre des Marchés publics; l'Ecrit du Citoïen obſcur fut une ſemence qui germa peu à peu dans l'eſprit des grands Hommes.

FIN.

TABLE DES MATIÈRES

Contenues dans ce Volume.

FIN.